國球名將刁文元

刁文元/口述

《国球名将刁文元》编写组/编著

李立生

安徽师范大学出版社
ANHUI NORMAL UNIVERSITY PRESS

· 芜湖 ·

图书在版编目(CIP)数据

国球名将刁文元 / 刁文元口述;《国球名将刁文元》编写组编著 . — 芜湖: 安徽师范大学出版社, 2022.9

ISBN 978-7-5676-5705-2

Ⅰ. ①国… Ⅱ. ①刁… ②国… Ⅲ. ①刁文元 – 自传 Ⅳ. ①K825.47

中国版本图书馆 CIP 数据核字(2022)第 121080 号

国球名将刁文元
刁文元/口述;《国球名将刁文元》编写组/编著
GUOQIU MINGJIANG DIAO WENYUAN

总 策 划:张奇才　戴兆国　　　封面题字:李燕生
责任编辑:何章艳　　　　　　　责任校对:李　玲
装帧设计:李　娜　汤彬彬　　　责任印制:桑国磊
出版发行:安徽师范大学出版社
　　　　　芜湖市北京东路 1 号安徽师范大学赭山校区
网　　址:http://www.ahnupress.com/
发 行 部:0553-3883578　5910327　5910310(传真)
印　　刷:安徽新华印刷股份有限公司
版　　次:2022 年 9 月第 1 版
印　　次:2022 年 9 月第 1 次印刷
规　　格:880 mm × 1230 mm　1/32
印　　张:12.125　　插　　页:3
字　　数:200 千字
书　　号:ISBN 978-7-5676-5705-2
定　　价:109.00 元

凡发现图书有质量问题,请与我社联系(联系电话:0553-5910315)

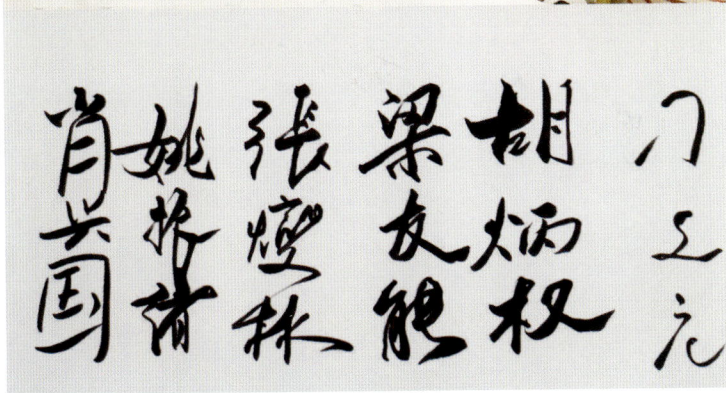

2022年8月,刁文元与其在国家队时的教练梁友能、胡炳权及队友合影(前排左起依次为胡炳权、梁友能、张燮林,后排左起依次为姚振绪、刁文元、肖兴国)

一心一意

当阶缘 舍己为人

成主力为国争光

壬寅秋月梁友能为国乒老将刀文元著书题字

梁友能题字

2022年8月,刁文元与好友在北京合影(左起依次为姚振绪、陆元盛、张燮林、李隼、刁文元)

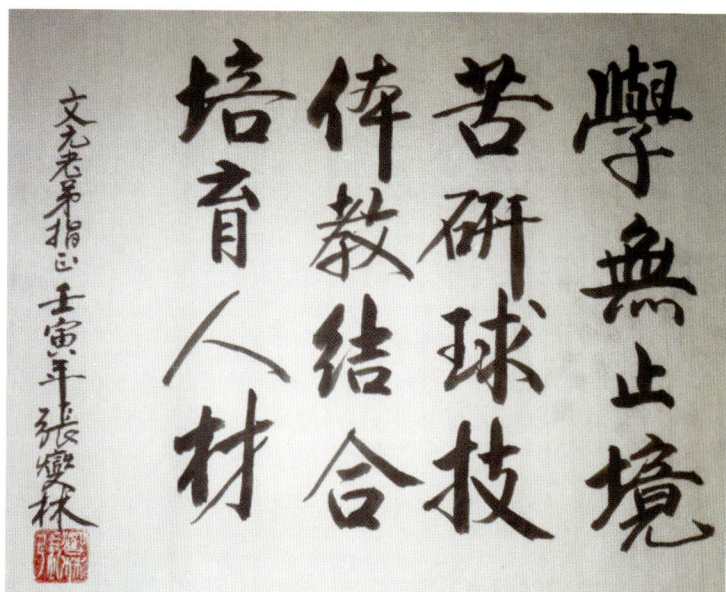

学无止境

苦研球技

体教结合

培育人材

文元老弟指正 壬寅年 张燮林

张燮林题字

写在前面的话

我曾当过国家队男队教练，刁文元就是其中一个队员。我们在一起相处多年。退役后，各奔东西，他改称我为"师父"，我叫他"老刁"。俗话说："师父领进门，修行靠个人。"刁文元进队时已是省队的尖子。他的打法与日本选手相似，直握方拍，用反贴海绵胶，正手拉弧圈球进攻。但他有自己的特长，反手发球用假动作迷惑对手，时而上旋，时而下旋，让对方分辨不清而失误。他的反手发力进攻更是一绝，被美名为"将军拔剑"的反手进攻，姿势潇洒优美，这是第一代"国手"王传耀的最佳神球，几乎失传。那个时候，直握圆拍，正贴海绵胶，近台快攻，是中国主流打法，引领世界潮流。刁文元的打法被有些人认为是"陪练"，难以攀登高峰。但刁文元没有理会这些，他刻苦训练，钻研技术，特别珍惜利用常与主力队员训练的机会来提高自己。

1971年，日本名古屋世乒赛，他随队观摩。世界最高水平的赛事，激烈紧张的强手争夺场面，中国队面临欧洲、日本选手的挑战……这一幕幕的所见所闻，让刁文元醍醐灌顶。从这以后他有了奋斗目标，他严格要求自己，在思想、作风、技战术、信心等各个方面，都有很大的改变和进步，并在一系列的国内比赛中取得优胜。刁文元在 1972 年全国五项球类运动会上，首获男子单打和双打（与李景光）两项冠军。之后分别在 1973 年全国乒乓球锦标赛、1975 年第三届全国运动会上再获单打亚军和季军，创我国至今保持的大龄成绩之最。人们都说国内比赛好手众多，要获得全国冠军比拿世界冠军要难得多。刁文元奋发图强，经过努力，终于开花结果。

1973 年，南斯拉夫萨拉热窝第 32 届世乒赛，刁文元被大家推选列入男子团体赛的阵容。

刁文元这位 31 岁的老将，又是非主流的打法，能成为主力，在中国队历史上还是第一次。

这次世乒赛的竞赛规则有所变化。甲级队先分两组比赛，每组前两名在最后进行循环比赛，决出冠军。中国队在小组赛中以 4∶5 负于上届世乒赛男单冠军本格森领军的瑞典队，一下子陷入了困境。接着还有最难对付的匈牙利队。负于瑞典队的主要原因是用人不当。在讨论第三人选时，我有意让刁文元上场，但大部分人认为应由一位年轻队员上场，经过权衡，我最后同意了他们的主张，结果那位年轻队员发挥失常。对这场比赛的失利，我作为教练应承担责任。

接下来，对匈牙利队的比赛轮到刁文元上场了。他向世界冠军发起了冲击！他厚积薄发，敢打敢拼，水平得到充分发挥，居然连胜三场，把最有夺冠希望的约尼尔、克兰帕尔都拉下马，为战胜匈牙利队立下了汗马功劳。中国队排在瑞典队后，以小组前两名，同另一组的日本队、苏联队进入最后阶段的比赛。

与苏联队的比赛战况更为紧张激烈，扣人心弦。在这之前，苏联队出人意料地战胜了瑞典队，如果再战胜中国队，就有望获得世界冠军，创造苏联乒乓球历史的奇迹。他们挟战胜瑞典队的余威，雄心勃勃，要与中国队决一死战！那时国内正值"反修"高潮，现场又来了一批苏联的旅游团人员助威加油，所以赛场气氛更加火爆！

刁文元再接再厉，在中国队0：2和2：3落后的情况下，连胜两场，使中国队转危为安。第九场决胜局，许绍发高抛发球大显神威，一局中就让对手吃了11个球。

最后中国队以 5 : 4 获胜。

接着，中国队战胜日本队。根据规则，原小组赛的成绩要带入最后阶段的比赛计算，不再重赛。这样中国队负于瑞典队，虽然同为两胜一负，但瑞典队获冠军，中国队屈居亚军。

刁文元为了祖国的荣誉，顽强拼搏，勇攀高峰，取得了优异成绩，值得我们为他点赞！遗憾的是他与世界冠军失之交臂，为之奋斗的愿望没能实现。我为对瑞典队的那场比赛用人不当而感到自责。

刁文元退役后，"单飞"意大利和圣马力诺任教。这两个国家的乒乓球技术水平不高。他克服语言不通等困难，兢兢业业工作，因地因人施教，经过几年的努力，使这两个国家的乒乓球技术水平有了长足的进步。1979 年，意大利国家队在第 35 届世乒赛中取得有史以来的最好成绩。1980 年，在欧洲乒乓球锦标赛中，意大利运动员 Massimo Costantini（马西姆·康斯坦丁尼）在单打比赛中淘汰了来自匈牙利的单打世界冠军约尼尔（欧洲乒乓球锦标赛一号种子选手）。若干年后，他的队员 Stefano Bossi（斯坦伐诺·博西）曾经连续八年获得意大利全国冠军，后来担任了欧洲乒联主席。

多年后，我应邀去意大利、圣马力诺进行友好访问，老刁一路陪同。我发现他的意大利语可以跟周围很多朋友谈笑风生，用得很好。那时正逢世界元老乒乓球锦标赛在意大利举行，这是国际乒联的一项传统赛事，来自世界各地的乒乓球爱好者自费前来参加各个年龄组的比赛，还吸引了不少当年叱咤乒坛的高手。一路上老刁再三"忽悠"我去参赛。后来我才知道他曾经在此项比赛中获得过冠军。老刁这是田内损失田外补！他终于圆了自己的世界冠军梦！

老刁回家乡后，在安徽师范大学任教，为学生传授乒乓球技术，介绍中国和世界乒乓球运动的发展历史。2012 年，安徽师范大学代表队在安徽省高校"校长杯"乒乓球比赛中夺得冠军。2004—2016 年，在刁文元的多方协调下，安徽师范大学乒乓球队先后出访意大利两次、日本四次，并参加国际乒联朝鲜公开赛。在朝鲜比赛中，有两人进入前十六名，获得世界排名。2004—2021 年，安徽师范大学乒乓球队在安徽省大学生体育联赛乒乓球比赛和安徽省运动会中始终占据总分第一的好成绩。

刁文元的人生离不开乒乓球，他也充分享受着乒乓球带来的乐趣。

安徽师范大学体育学院和安徽师范大学出版社有意为老刁写书并出版，这是对乒乓球项目的关心和支持。对此我表示感谢，并期待这本书尽早问世。

徐寅生

二〇二二年五月五日

（徐寅生，国际乒联终身荣誉主席）

序 一

刁文元老师与别人不同，他是从国家队一名陪练队员成长为主力队员的，三十岁以后才打出成绩。我少年时对他印象就很深，他在全国比赛中获得"双冠"，在世乒赛关键时刻两次救场，都很经典。我们相差二十一岁，因为对乒乓球的热爱，所以有很多共同语言。二十世纪八十年代在意大利，我还曾给他做过一次场外教练，那时他已五十多岁，仍然敢打敢拼，精神很让我感动。

中国乒乓球队长盛不衰靠的就是不断拼搏奋进的精神，一代一代传承下来。出书也是一种传承。

二〇二二年二月十六日

（蔡振华，曾任中华全国总工会副主席、书记处书记）

序　二

　　国家乒乓球队里只有我和老刁第一次参加世乒赛就成为主力。第32届世乒赛团体赛，中国队4：5负于瑞典队。这场比赛开始前，我曾让老刁找总教练徐寅生请战，但后来服从组织决定，老刁没上。这是一件很遗憾的事情。"煮熟的鸭子飞了！"老刁却豁达地说："宁做鸡头，不做凤尾。"

　　老刁是国家乒乓球队的"赤脚医生"，他曾买公鸡，打鸡血，试验鸡血疗法。开会时，他常在脸上扎针，治好了鼻炎。一天清晨，我急性腹痛，因医生不在，老刁说服了我，在我腿上扎了两针。我晕过去了。等我醒来，他不慌不忙地问："肚子还痛吗？"我说："肚子不痛了，嘴唇痛。""你刚才休克，我掐的。""刁一针"由此得名。

　　老刁在国家乒乓球队有不少名言。有人说，刁文元用方拍、反胶，打弧圈球都是学外国的，能战胜外国人吗？老刁说："是骡子是马，拉出去遛遛不就知道了吗？"有人说他年龄大，老刁说："我是秋后蚂蚱，还能蹦三蹦。"

老刁常说，内练一口气，外练筋骨皮，就是拼搏、刻苦。最终，他战胜了对手，战胜了自己，战胜了舆论。老年他能出书，别人不能，这与他独立的性格有关，顺理成章！

许绍发

二〇二二年五月二十七日

（许绍发，曾任中国乒乓球队总教练）

序　三

　　我是一位业余乒乓球爱好者，有幸在我的母校安徽师范大学结识了国球名将刁文元先生。先生2003年接受了母校的聘请，成为安徽师范大学体育学院客座教授。十九年来，先生一直工作在乒乓球教学第一线，言传身教，兢兢业业，培养了一大批优秀的乒乓球专业学生，为学校的乒乓球事业作出了重要贡献，颇有威望，令人钦佩。每次回到母校，我总会抽空去看望他老人家，讨教球技，畅谈人生。

　　《国球名将刁文元》一书即将付梓，先生将书稿发给我学习，并嘱托我写个序。我有幸先睹佳作，又觉"受宠若惊"，因为徐寅生先生、蔡振华先生、许绍发先生、李隼先生四位业界大佬均已作序。我再三推辞，但盛情难却，只好把我从该书中收获的点滴感悟与大家分享。

　　天道酬勤，勤耕不辍。文元先生是我国乒乓史上的一个传奇，"三进三出"国家队，史无前例。先生十年磨砺，大器晚成，从陪练到主力，成就别人，也成就了自己，而立之年终圆冠军梦。诚如先生所感："战胜对手难，战胜自己更难，战胜年龄难上加难！"先生身上那种"不怕困难，积极向上"的生活态度，"有梦想，就要去拼"的追梦精神，一直激励我们敢于迎接挑战，勇于战胜困难。

先生为人处世犹如其球技球品，始终沉稳大度、宠辱不惊，总是充满进取之心、感恩之心、敬畏之心。他曾坦言，作为安徽人，他没有为安徽培养过一名运动员，没有为安徽当过教练，深感遗憾。先生对家乡有着深厚的感情，愿为安徽乒乓球事业振兴出力，总想能够干点事情，作点贡献。我想，这大概也是先生花甲之年从欧洲执教回国后，接受安徽师范大学聘请工作至今的原因吧！

细细品来，不管是了解先生的职业生涯，还是感悟其中的人生智慧，这本书都是一部精品佳作。

李亚栋

壬寅虎年初夏于清华园

（李亚栋，中国科学院院士、安徽师范大学校长）

序　四

　　刁文元指导是我进入专业队的第一个教练。那是1977年初，我不到14岁，因家庭问题很多部队都不敢要我。当时刁指导刚去铁道兵体工队当乒乓球教练。我只知道刁指导是世界名将、中国乒乓球队的主力。他的乒乓球技术有三大法宝：发球、正手弧圈球和反手一大抽。这些都是听前辈们说的，或是在报纸杂志上看到的，因当时没有电视，我也没见过到底是什么样。

　　我去考试时心里非常紧张，觉得专业队的运动员一定非常厉害，更何况这个专业队还有一位世界名将教练。过去我参加别的专业队的考试，都是先和运动员打，教练在边上观察。可是刁指导不同，说了句"小子，上来练练"，就亲自和我操练了起来，而且马上进入比赛模式。我只知道刁指导的发球特别好，而且特别转。我上来接发球就想先接过去，看看到底有多转。可在我即将触球的一刹那，球突然跳到了我的手指头上。我一下就懵圈了，后面的球一会儿出界，一会儿下网，根本就递不上牙。这次和刁指导的过招，让我领略到了乒乓球技术的变幻莫测。从那以后我就暗下决心，开始苦练正手位短球，心想一定要破了刁指导的发球。

进入铁道兵体工队以后，我就朝着自己确定的目标往前走，把练习正手位短球作为一个重点，苦练勤练。就是这么一练还真把我正手挑短球的技术给练精了。这给我的乒乓球技术打下了扎实的基础，就是现在给队员做陪练时我心中也是很有数的。在练习的过程中，我开始理解乒乓球技术的核心，逐渐认识到旋转是乒乓球技术的灵魂。这在我今后的执教过程中都是贯彻始终的。

当时的乒坛有着旋转与速度之争。我独辟蹊径，将二者结合在一起。我叫王楠和张怡宁她们在练习速度时，增加旋转。通过努力，我们将速度加旋转作为看家本领，并在实战中加以运用。速度求快，旋转求变，快中有变，变中有快，成为我执教的技术宗旨。随着队员们对这项综合技术的领悟和运用，她们当中就走出了两个世界大满贯。

铁道兵的艰苦是超乎人们想象的。我们铁道兵体工队的条件就更差了。球房的地是刁指导带着我们和水泥修的，澡堂也是我们一砖一瓦盖的，就连训练馆的土暖气都是我们自己烧的。在这样艰苦的环境下，刁指导用乐观主义的心态，培养了我们向艰苦环境挑战的豪气，这使我受用一生。这些看似平常的经历，使我养成一种越是艰苦，越是困难，就越要战胜它的勇气和决心。这些经历都是我执教的财富。每当遇到困难时，我都会更加兴奋、更加坚定地往前冲。我想这些可能都是那时候磨炼出来的吧。

有了这些艰苦的磨炼，训练上的苦就不算事了。记得有一次我在训练中偷懒，刁指导罚我练多球，叫一名队员帮助捡球，我全台正手一口气打了20分钟。打完后，几乎累得趴下了。对此我并没有抱怨，倒是更加明白过硬的本领都是这么一板一板挥出来的。这个训练计划我一直使用至今。王楠练过，张怡宁练过，很多队员都练过。李晓霞在冲顶的时候，正手连续进攻总是在第三板丢，我就在每天训练计划完成后给她加20分钟全台正手跑位，一练就是5年，这才有了当年的"李大锤"。总有人问我，"你带出了三个大满贯，一定有什么诀窍"，我都会平静地告诉他，把最简单的球练到极致。这些都是从刁指导罚我训练的那节课中获得的启示。大家也可以将其称作"20分钟正台练习法"吧。

我刚进队时不到14岁，什么都不懂，在那个年代也没怎么好好学习。我记得1977年4月《毛泽东选集》中的一卷出版了。新书发到体工队的第二天，我们还没训练，刁指导就开始带领我们全队学习，而且是有计划地安排每天学习多少页。我被第一个叫起来朗读，当时我朗读得不顺畅。其实，这都是刁指导在有目的地锻炼我，帮助我。通过学习，我们知道了为谁打球，知道了乒乓球精神就是顽强拼搏、自立自强。热爱乒乓球，练好乒乓球是我们每个人的责任，也是那个时代奉献国家的一种方式。我的思想和精神在体工队这个大熔炉中得到全面发展，这也使得我日后懂得从多方面、多角度看问题。

体工队的训练生活过得很快，一转眼两年过去了，我也从一个身高不到一米七的列兵，长成一米八的大小伙子了，从刚进队连女队员都打不过，最后成长为队里的主力队员。1979年，我们迎来第四届全军运动会。当时的军队乒乓球队可以说就是半个国家队，很多世界冠军都在不同的部队服役。我们铁道兵就有施之皓。

当时我们打进了决赛，我第一场的对手用的是直拍，反手用的是防弧胶片，那时规则是允许两面胶片是相同颜色的。我们队里没有这种打法，我根本看不清对方发球的旋转。第一局开始的5分就全输了，当时还是21分制，这种悬殊有多大可想而知。第二局直到中局我还没有解决这个问题。这时刁指导告诉我，一定要敢于从对方正手位突破，只要能抗一板，打回反手位就是胜利。这一战术变化马上就有了效果。第二局咬回来后，第三局我打了对手一个5：0。这场球拿下后，我们顺利获得了全军冠军。通过这场比赛，我看到了教练员对比赛胜负所起的作用。当时刁指导和我说话时的表情，现在都有画面感，刁指导的手势和动作以及让我如何接发球，都历历在目。这段经历对我的教练生涯有很大的帮助与启发。

　　我和刁指导的故事还有很多很多。一个人一生中能遇到一个对你今后发展有启迪的良师，是人生的福气。刁指导的乒乓球传奇人生，也可以说是乒乓球界一个很好的传承。刁指导的教练是徐寅生，徐指导也是一位富有亲和力、成绩斐然的国球教练。刁指导又把这些乒乓球的好的传统、好的作风传给了我。我也有责任把这些好的传统、好的作风传承下去，这也是我们乒乓球作为国球长盛不衰的根。

《国球名将刁文元》这本书记录了刁指导一生为国球事业拼搏奉献的点点滴滴，以及他本人对乒乓球的理解。他在铁道兵体工队的教练生涯和我息息相关，我认识刁指导已经超过45年了，我自己也到了人生的耳顺之年。我在读了这本书的内容之后，心中感慨万分，我想，读到这本书的人，只要他对乒乓球有一些了解，一定会喜欢上乒乓球，也会感佩刁指导身上的国球精神。

二〇二二年一月十七日

（李隼，中国乒乓球队女队教练组组长）

目　录

第二篇　刁文元乒乓球散记

第三篇　队友、弟子眼中的刁文元

第一篇

刁文元传

球擊作爲

奮進一生

刁文元書於
壬寅夏

少年国球梦

乒乓球运动诞生于1900年左右，在中国被称为"国球"。

乒乓球台，高76厘米，长274厘米，宽152.5厘米，球网高15.25厘米。算起来，乒乓球台的面积约4.2平方米。乒乓球，最初直径为38毫米，现改为40$^+$毫米。在球类运动项目中，乒乓球运动以其速度快、旋转强、变化多的特点，吸引了无数的爱好者。在乒乓球运动中，每一个球的对抗都包含了速度、旋转、力量、落点、弧线、节奏六种变化要素。作为一种可以终生坚持的球类运动，乒乓球在增进人们身体健康的过程中，还给运动者带来了无限的欢乐。一百多年来，就是在这不大的长方形的乾坤世界里，有许多乒乓球爱好者、痴迷者、逐梦者，最后成长为伟大的运动员。他们的乒乓球人生，跌宕起伏，精彩纷呈。国球名将刁文元就是其中的一位。

刁文元从出生到少年时代的成长，经历了动荡的历史岁月，也因多种机缘巧合，结识了乒乓球。刁文元一直把乒乓球看作自己"亲爱的伴侣"。也许就是这份从小萌发的对乒乓球的喜爱之情，使得刁文元在走向国球名将的道路上越走越远，以至能参加中南海宴会、在人民大会堂被接见、曾与八个国家的元首合影。他给我们留下了许多精彩动人的故事。

动荡岁月的"野马"

刁文元出生在动荡的抗日战争年代。他家原先在安徽省东北部的五河县小溪镇，为躲避日本鬼子的迫害，全家躲到五河县城，租住在大井巷的民房里，后来又迁到嘉山县明光镇（现隶属滁州明光市）。

刁文元老家

明光老街中心路9巷,刁文元故居距巷口约30米

明光老街

    1943年1月28日（农历一九四二年腊月二十三日，壬午马年），在五河县城的大井巷，一名男孩呱呱坠地。这是刁氏家族的长子长孙，一家人为这个男孩的降临感到非常高兴。小文元出生时，曾祖父75岁，小文元的乳名就叫"七五"。后来，祖父想了三天，给他取了一个学名，叫"文元"，刁文元由此得名。这个名字寄托了一家人对这个孩子的希望，盼望他日后能够在读书的道路上取得好成绩。可是，并不是所有美好的希望都能够成为现实。就像刁文元后来回忆说，他出生时，家里请了一个算命先生，那个算命先生说他们家来了一匹野马，这匹马将来可能要奔向远方，去很远很远的地方。在刁文元成长的岁月里，自信、勤奋、刻苦、奔波、挫折、荣光等交织在一起，辉映着一位国球名将的人生。

其后，刁家又养育了两个男孩、一个女孩，分别是武元、崙元、美元，算是人丁兴旺、家运不错的人家了。

刁文元的祖辈是当地的布商，经营着一个不大的布匹商店。曾祖父是秀才，自刁文元记事起曾祖父已双目失明，这与他读书写字太多、家里条件差有关。祖父刁蓬仙，祖母沈氏，裹着小脚，父亲刁联珊，母亲车氏，也裹脚。当时社会动荡不安，刁文元一家生活在日伪占据的地区，勉强靠着自己的勤俭维持生活。祖父时常要到苏州一带去进货，然后带回老家售卖。生意不大，还要冒着各种危险。在高压的环境中，刁家人虽然苦心经营，但也只能勉强维持布店的买卖，糊口度日。家里人常常告诫孩子们要本分，不要在外面闯祸。可是，刁文元从小就有些与众不同，自小就得了一个"刁大胆"的雅号。

刁文元祖父母与老姑
刁联月、姑父张乃璜
合影

刁文元祖父（左二）、父
亲（左三）在明光老房子
前合影

刁文元父亲刁联珊

刁文元母亲车志英

2018年，刁文元在明光与大弟刁武夫妻子、二弟刁嵩元夫妻、妹妹刁美元夫妻及其子女、孙子女合影

雅号"刁大胆"

刁文元小时候，体格比较健壮，聪明胆大，在一家人的期望下一天天长大。祖父对长孙关爱备至，时常将其带在身边。因为要经营布店生意，祖父不仅掌握了传统的记账、算账本领，还对中国传统文化的一些典籍比较熟悉。刁文元回忆说，那时家里有很多书，《辞源》《辞海》是其中最厚的书。刁文元很小的时候，祖父就给他讲孔孟之道、儒家学说和为人处世之本。"忍为高，和为贵"是其祖辈家训。

1945年抗战胜利后，小文元已经3岁了，开始记事了。第一个弟弟出生时，小文元看到家里多了一个孩子，害怕家里人从此不喜欢他了，就到处哭诉。祖母耐心地安慰他，说："老米没有跌价！"这句话，刁文元一直记到如今。

祖父母在刁文元心中一直占据重要位置，因为从记事起直到刁文元成家立业，他们一直对刁文元悉心教导、关怀备至，为孙子所取得的成绩感到骄傲。

刁文元祖父算是当时的知识分子，老人家对自己的长孙很看重，很小的时候就教他识字。祖父从外地购买了一些识字卡片（当时人们称之为"字丁"，小卡片上一边是字，一边是图），小文元从3岁就开始认字。小文元很聪明，记忆力好，到5岁的时候，已经能够认识1000多个字了。就在这一年，家里人把他送到附近的私塾，开始读一些《三字经》一类的启蒙读物。小文元早年的求学生涯开始了。

成为运动员之后的刁文元说，自己从小就好动，而且胆子非常大，常常做一些让大人都吃惊的事情。

很小的时候，只要有时间，小文元就会带着熟悉的小伙伴，"走南闯北"，春天挖苗植树，夏天捕鱼抓蟹，秋天采果斗虫，冬天玩雪溜冰。小文元和其他小伙伴不一样，他的胆子特别大。离小文元家不远处有一片小树林，荒草丛生，古树不少，有些树上会挂着马蜂窝。有些小伙伴对小文元开玩笑说："你敢把马蜂窝捅下来吗？""有什么不敢的！"小文元说干就干。他找来枯树枝，爬到树上，照着马蜂窝就捅。马蜂窝被捅破了，马蜂四处乱飞，小伙伴们一个个吓得四散奔逃。马蜂的自卫能力很强，小文元受到了马蜂的攻击。他赶紧从树上溜下来，往回跑，还没有跑到家，一只眼睛就被马蜂蜇了，眼睛当时就肿得看不见了。祖父带他去看医生，还算治疗及时，眼睛没有瞎掉，但也过了好多天才恢复正常。自此以后，小伙伴们就给小文元取了一个"刁大胆"的雅号。这个雅号后来也成为刁文元运动生涯的一种写照。

胆大的小文元很善于模仿。看到别人拉胡琴，他就想学。可是又买不起胡琴，更不知道到哪里买。他就开始琢磨自己做一个。做胡琴的竹筒比较容易找到，可是竹筒一头要用蛇皮蒙上，这样拉出来才有声音。到哪里找蛇皮呢？小文元动员小伙伴们一起去找蛇皮，跑到山里面打蛇。小孩子自然不知道蛇在哪里，就到有洞的地方，用棍子乱捅一气。结果蛇没有找到，"刁大胆"一脚踩空，不小心掉进了一个棺材坑里，小伙伴们费了不少力气才把他拉上来。后来刁文元说，他长大以后还常常做掉到洞里的噩梦。进了国家队后，1971年，刁文元还和庄则栋在日本合作表演过现代京剧，当时刁文元用京胡伴奏。用刁文元的话说，这次演出圆了他上台拉琴演奏的儿时梦。

1971年4月,在日本华侨饭店刁文元与庄则栋合作表演现代京剧

初识乒乓球

一个好动的少年总是不会安分的。这种不安分如果获得了某种突破口,就有可能激发一个人内蓄的能力,使

他成为某一方面的专才。刁文元就是这样的人。

起先刁文元上的是明光小学，1949年中华人民共和国成立后上了离家较近的建设小学。小学三年级以后，学校就有了体育课程，刁文元开始有机会接触乒乓球。那时候的设备非常简陋，球桌是用门板拼起来的，球拍是用木头做的，球网是几块砖头。下课的时候，同学们就冲到乒乓球台那里，排队等着打球。有一年的"六一"儿童节，学校举办了一场乒乓球比赛。刁文元参加了比赛，结果他打败了所有参赛的小朋友，获得了冠军。学校奖励他一本小人书，一支铅笔。铅笔的笔杆是黄色的，

明光市建设小学原址

一头可以写字，另一头是橡皮擦。刁文元清楚地记得，那天的路很长，他拿着奖品高兴地回到家里，晚上睡觉的时候还抱着小人书和铅笔。

一次小小的激励往往会改变一个人的人生轨迹。自从拿了人生的第一次乒乓球冠军，刁文元就迷上了乒乓球，从喜欢打乒乓球，到迷恋、酷爱乒乓球，最后甚至有些走火入魔了。买不起球拍，刁文元就找来一块木板，做成球拍的样子，再找一块布，把拍子包好，每天上学都塞在书包里。在学校，只要有空，他就去打几下。因为刁文元有拍子，那些爱好乒乓球的小朋友们想打球，就要跟在刁文元后面。其中有个小朋友，为了让刁文元借球拍给他，还特意从家里带来自己包的水果糖给刁文元。刁文元后来说，那可是手工包的糖啊！想打球的小朋友中有一个不会说话，小文元很善良，只要有时间，都会把球拍借给他玩。这段少年球迷的生活，说起来确乎有回味不完的东西。

当时有一位盛老师，是从朝鲜战场上下来的，耳朵不好，是打仗时被炮声震坏的，他是刁文元的班主任。盛老师对学生很严格，但是从来不体罚学生。他时常和同学们说："我对你们严厉，你们不会知道我是对你们好。等你们长大了，结婚了，有孩子了，你们就知道我为什么对你们这么严厉了，也就明白我说这些话的作用了……"刁文元后来做乒乓球教练，也时常对自己的队员重复这样的话。严厉的盛老师，在小文元的心中种下了自律的种子。成为运动员以后，刁文元为了提高自己的成绩，时常在别人休息的时候加练。刁文元后来回忆说，他常常因为练球时间太长，回到宿舍就直接躺倒睡着了，到第二天起床的时候，背包还在身上。这种刻苦勤奋的精神，其实早就成为刁文元生活的一部分了。

练球遇"贵人"

中国人常常把自己人生中遇到困难时帮助自己的人称为"贵人"。"贵人"之贵，就在于难得一遇。"贵人"的帮助，在事后看来，往往是非常关键的。刁文元在运动员生涯中，不仅遇到了不少"贵人"，还善于大胆地求助于"贵人"，这也是他成为国球名将的原因之一。

新中国成立以后，国家的各项事业都处在起步阶段。乒乓球运动的开展也是如此。在一个没有得到广泛关注的运动中，要想有所成就，就要得到来自各个方面的帮助。刁文元生命中的"贵人"开始一个个登场。

　　自从在小学参加乒乓球比赛拿了冠军以后，刁文元就爱上了这项运动。只要有时间，他就自己跑去找人练球。练得多了，对球就渐渐熟悉了，认识的人也就慢慢多了起来。刁文元为了提高自己的技术，有时候就主动到校外找人练球。

　　上初中（嘉山中学）以后，刁文元的个子长高了不少，看起来比同龄人要高一截。当时县城里有个文化馆，里面有个乒乓球活动室，有两张球台。因为是活动室，普通人都可以来打球。那时候没有专业教练，大家打球就是靠土办法、野路子，自己琢磨。谁打败别人，谁就占据着球台，可以接受下一个人的挑战，俗称"占大王"。那时候的球制是6分制，谁先得到6分就胜出。每人发2个球，挑战者先发球，只有先得1分，才有资格接着往下打。如果挑战者发球后连续得2分，被挑战者就自动下台，俗称"三寡寡"。胜者成为新的"大王"，得到站台的资格，接受下一个人的挑战。站台时间越长，打球的时间也就越长，所以谁都想成为"大王"。

明光市嘉山中学

　　刁文元身体协调性很好，加上他刻苦钻研，球技提高很快。每到一个地方，他总能够成为站台时间最长的"大王"。打的次数多了，他就在当时的小县城慢慢有了一点小名气。一些球友特地约他到一些机关单位去打球。此时刁文元运动员生涯的第一位"贵人"出现了。

　　这个人是嘉山县体育运动委员会（简称"体委"）负责人，叫郝克正。在刁文元的记忆里，郝克正的书法很好，打球动作很漂亮，人很有修养。郝克正一有时间就带着刁文元到银行、税务局等有球台的地方打球。球打多了，家里人觉得会耽误学习，就反对他出去打球。刁文元的祖父批评他："你成天就知道打球！书也不想念了。你能靠打球吃饭啊？书念不好，考不上好的学校，你以后吃什么呢？"说完还要烧掉刁文元的球拍。刁文元看到情况不妙，就开始大吵大闹，此种行为是以前从未有过的。家里人发现，刁文元是真的爱好乒乓球，慢慢也就批评得少了。后来有人问刁文元，是不是那个时候就有了当乒乓球运动员的理想。刁文元表示，那个时候还谈不上理想，就是想在球台上打败更多的人。能否成为一名运动员，在刁文元心中可能还是一个非常模糊的概念。

名气大了，"贵人"也多起来了。当时安徽的蚌埠专区，包括现在的宿州市、滁州市，有16个县。1957年，蚌埠专区举办了一场中等学校学生乒乓球比赛。比赛地点在嘉山县城。刁文元参加了比赛，他不负众望，获得了单打第二名的成绩。虽然是第二名，但在当时的小县城也是个不小的新闻。蚌埠专区体委的一位负责人，叫马俊甫，他知道了这件事情，就把刁文元叫到体委，问他愿不愿意继续参加全省乒乓球锦标赛。马俊甫希望刁文元代表蚌埠专区参加这次比赛。刁文元满口答应了。此次比赛，蚌埠专区派出了3名队员。比赛中，刁文元虽然没有获得名次，但是在第一场比赛中赢了合肥市的乒乓球冠军黄福生，轰动赛场。这匹黑马一下子吸引了很多人的关注。

伴随着"贵人"的帮助，运动员的大门慢慢向刁文元打开。

为了备战即将在1959年举办的中华人民共和国第一届运动会（简称"第一届全运会"），安徽省成立了乒乓球队。当时的刁文元还没有成年，还在上初三，省队没有选他做运动员。刁文元看到自己没有入选球队，心里非常着急。他想到了"贵人"马俊甫。这时候的马俊甫已经到滁州市体委工作了。刁文元对马俊甫说，他看到省队的名单了，上面没有自己的名字。他说自己想打球，初三也继续读，能不能推荐他参加省队训练。马俊甫答应了。刁文元回到家，告诉家里人自己要去合肥打球，让家里人给钱买车票。家里人不同意他去打球，没有给他钱。

这时刁文元大胆的性格起了作用。没有钱他就到同学那里借。同学们还算热情，一人借给他几毛钱，凑够了路费。刁文元跑到合肥，遇到的还是他生命中的"贵人"——省队的人事负责人大老郑（郑德新）。大老郑对队员们很好。他对刁文元说："你只要来，好好练球，这里管住管吃，发运动服，一个月还能领14.9元工资。"刁文元通过电话向家里报告了情况，家里人一听，刁文元能够打球，还能拿工资，也就同意了。等刁文元回到家，家里人给他准备了一床最好的棉被。后来他才知道，家里人为他的事情商量了好几天，最后才做出决定，同意他去打乒乓球。

从此，刁文元在各路"贵人"的帮助下，走上了运动员的道路，开启了乒乓球运动员的生涯。一个偏僻小镇的少年，开始了自己的逐梦历程，这也是一位国球名将走向世界乒乓球舞台迈出的第一步。

下面两张照片是刁文元少年时期与乒乓球有关的两张最早的照片。1957年，在嘉山县工人俱乐部举办的蚌埠专区16个县中等学校学生乒乓球比赛中，刁文元获得单打第二名。1957年，在蚌埠市举办的专区选拔赛中，刁文元获得单打第三名。往事如烟，60多年过去了，这两张照片刁文元一直珍藏着，它们印证了刁文元乒乓球之路的起点。在漫长的半个多世纪里，很多的人和事都随着时间的推移在刁文元的记忆中慢慢地被淡忘，唯独60多年前与他合影的人，他们的姓名，刁文元能马上一口叫出，也许最初的少年记忆是永恒的。刁文元表示，他深深地感谢1957年时任嘉山县体委负责人的郝克正老师，当时他对刁文元的支持、培养和影响，促成了刁文元与乒乓球结缘一生。

1957年4月，蚌埠专区中学生乒乓球代表队与嘉山代表队合影
（后排右一为郝克正，第二排左一为刁文元）

1957年9月，嘉山县乒乓球选手参加专区选拔赛后合影（前排左
起依次为李长年、郝克正、秦天锡，后排左起依次为柳庆林、陈怀
英、刁文元）

省队生涯

生命中需要"贵人"的帮助，对于每个成功者来说，最大的"贵人"就是他自己。刁文元进入省队以后，眼界开阔了，运动训练生活也更加有规律了，这为他日后的运动员生涯打下了非常好的基础。在那段如火如荼的岁月里，刁文元见证了伟大时代的变化，也开始与世界一流的乒乓球运动员有所接触。乒乓球运动的精髓，刁文元开始慢慢领悟。

队长当教练

进入省队之后，刁文元在只有队长、队员，没有教练的情况下，开始了正规的乒乓球训练。刁文元觉得自己不是第一批录取的，心里总有些担心会随时被训练队淘汰。小小年纪，他就开始给自己加练，比别人都刻苦。当时的训练工作由领队邱隆云（女）、队长袁芝祥负责。

首届省运会乒乓球蚌埠专区全体队员合影（后排左三为刁文元）

    训练队住的是集体宿舍，一共有6名男队员，即袁芝祥、王克诚、徐寿山、柳庆林、卢敏、刁文元，2名女队员，即周美珍、陈素华。其中，袁芝祥拿过安徽省乒乓球比赛冠军。那时的训练生活紧张、艰苦，每天早晨5点钟起床，晨跑10圈，4000米。冬天早晨5点，天还没有亮，操场上亮着几盏大灯，可以提供照明。

    合肥的冬天有时候气温在零度以下，寒意很重。天气冷的时候，跑步会让身体慢慢热起来。跑热了，就脱外衣。跑完步，就开始训练。训练结束，擦擦汗，就开始吃早饭。当时正值1958年，全国上下都处在"大跃进"的氛围中，运动员也要"超英赶美"。训练队就经常开会，要求队员们制定各项指标，比如定下全运会指标，哪个准备冲击冠军，哪个准备冲击前八强，等等。和其他队员比起来，刁文元当时的技术还处于起步阶段。

因为没有专任教练，队长袁芝祥就带着大家训练。队长的技术比较高，不仅是安徽省的冠军，还是上海、南京和合肥三个城市对抗赛的冠军。队长是上海人，上海人生活比较精致，队长也是这样。队长自己有个箱子，东西都锁在箱子里。队长家里条件相对比较好，常常有零食吃，还经常把零食拿出来给大家分享。

当时社会相对封闭，乒乓球队虽然有女队员，但是训练的时候男女队员是分开的。男队员看到女队员，都会不好意思，脸会红，男女之间的界限比较分明。球队的领队管理也很严格。乒乓球队的男队员，未经允许不能和自己队的女队员交流，看到其他训练队的女队员也是一样。

见到了毛主席

1958 年 9 月 16 日至 20 日，毛主席在国防委员会副主席张治中、安徽省委第一书记曾希圣等人的陪同下，第一次来安徽视察。[1]

---

[1] 中共安徽省委党史研究室：《红皖撷英》，安徽人民出版社 2016 年版，第 119—125 页。

9月16日，毛主席乘船从武汉到达安庆。在安庆，毛主席参观了安庆第一中学和安庆钢铁厂。当天下午，毛主席一行来到合肥稻香楼宾馆。

根据毛主席的要求，宾馆的安排一切从简。毛主席对省、市负责人和宾馆的接待人员提出三条要求："第一，别人不要请我们吃饭；第二，我也不请你们吃饭；第三，按伙食标准用餐，不喝酒。这三条，希望大家能监督我们。"当天晚上，毛主席给曾希圣写了一封信，想到一路上看到的生机勃勃的景象，他非常欣慰。他在信中写道："沿途一望，生气蓬勃，肯定是有希望的，是有大希望的，但不要骄傲。"

18日，毛主席视察了安徽省委机关钢铁厂、合肥钢铁厂，参观了安徽省新式农具展览。晚上，陪同毛主席视察的张治中和曾希圣汇报了合肥人民想见毛主席一面的愿望，毛主席欣然答应："我难得到合肥来一次，可以同合肥人民见见面。"

19日下午2时许，毛主席乘敞篷汽车从稻香楼北行驶到三孝口，再往东沿着十里长街前行，受到合肥人民的热烈欢迎。乒乓球队也上街欢迎毛主席。刁文元和其他队员一道，走了一个多小时的路，等在路边，看着毛主席的车经过。刁文元说，大家见到毛主席，都很兴奋，那种场面也非常感人。

后来刁文元进了国家队，经常受到国家领导人的接见，包括一些外国元首的接见。但是这次在合肥街头见到毛主席，在他的记忆中留下了深刻的印象。这也是激励他不断刻苦训练，提高成绩，提升自己的某种动力吧。

刁文元曾在1963年被评为"四好运动员"，领导奖给他一套《毛泽东选集》，之后不管去哪里，他都把这套《毛泽东选集》带在身边，一有空就学习，使自己的思想有了很大提高。

刁文元学习《毛泽东选集》

崭露头角——第一届全运会

1959年3月27日至4月6日，第25届世界乒乓球锦标赛（简称"世乒赛"）在联邦德国多特蒙德举行。在4月5日的男子单打决赛中，容国团战胜九次世界冠军得主匈牙利老将西多，夺得新中国历史上首座世界冠军奖杯。象征乒乓球男子单打最高荣誉的圣·勃莱德杯，第一次刻上了中国球员的名字。几乎在容国团夺冠的同时，国际乒乓球联合会（简称"国际乒联"）同意在北京举办第26届世乒赛。为筹备第26届世乒赛，当时的国家体委主任贺龙指示成立专门班子，督促有关部门强化参赛队伍的训练，提高水平，力争取得优异成绩。北京市政府还决定在东郊建一座新的工人体育馆，作为世乒赛的场馆。

同年9月13日，第一届全运会在新落成的北京工人体育场隆重开幕。毛泽东、周恩来等党和国家领导人出现在主席台上。第一届全运会举行之时，适逢新中国成立10周年大庆，赛程也有意安排在横跨国庆节的9月13日至10月3日，全运会因此也成为向全世界展示新中国形象的大会。第一届全运会共设田径、体操、游泳、球类、航海、航模、跳伞等36个比赛项目，以及赛车场自行车、击剑、自由式摔跤、古典式摔跤、国际象棋、水上摩托艇等6个表演项目。各省、自治区、直辖市和解放军共30个单位10658名运动员参加比赛。运动会上，有7人4次打破4项世界纪录，664人844次打破106项全国纪录。大会于10月3日闭幕。大会向新中国成立10周年来打破世界纪录和获得世界冠军的40名优秀运动员颁发了体育运动荣誉奖章。第一届全运会是新中国成立10周年来体育成就的一次大检阅，也是新中国体育史上一件具有里程碑意义的盛事。从此，伴随着"发展体育运动，增强人民体质"的响亮口号，新中国的体育事业翻开了崭新的一页。

在第一届全运会上，安徽省取得了意料之外的好成绩，荣获技巧运动、手球、围棋等项目冠军，在其他项目上也取得了骄人的名次，共获7枚金牌、7枚银牌、6枚铜牌，从落后不被人注意的省份一跃成为全国的体育强省之一。刁文元作为安徽省乒乓球代表队主力队员，分别参加了团体赛和混双比赛。在争夺团体第六名的比赛中惜败给由邓大松（邓亚萍的父亲）领衔的河南代表队，最终获得团体第八名。在混双比赛中，刁文元搭档何淑冰，一路过关斩将，获得混双第十名。

1959年，安徽省乒乓球代表队参加第一届全运会的全体队员在北京万寿山合影（左起依次为周美珍、何淑冰、王克诚、刁文元、徐寿山、陈素华、袁芝祥、邱隆云）

獎　狀

刁文元

在

中华人民共和国第一届运动
会上获得乒乓球男子团体比赛
第八名特發給奖状以資鼓励

中华人民共和国第一届运动会

一九五九年九月廿七日

1959

1959年,刁文元获第一届全运会乒乓球男子团体比赛第八名

奖 状

刁 文 元 　　　　在

中华人民共和国第一届运动

会上获得乒乓球混合双打比赛

第十名特发给奖状以资鼓励

中华人民共和国第一届运动会

一九五九年九月廿七日

1959

1959年,刁文元获第一届全运会乒乓球混合双打比赛第十名

"最美奋斗者"容国团

在安徽队训练期间，刁文元的身体素质得到了很大的提高。有规律的训练生活和稳定的饮食，使得刁文元的身高达到了1.78米。在平常的训练中，刁文元总是自觉严格要求自己，多练、加练。他心里只有一个想法，就是要刻苦训练，国家给了这么好的条件，自己如果不认真、不投入，那就对不起国家的培养。后来，刁文元对朋友说，三年的省队生活，让他明白了什么是感恩。他说："我从一个小地方进到专业队，党和国家每个月给我安排好吃喝，给我发工资，让我训练打球，我还能有什么要求？怎能不刻苦训练？！我想这就是一种恩情，一种不能忘记的恩情啊！我那个时候总是练得最多，跑步的时候也总是跑在前面。跑步虽然很辛苦，但是我坚持下来了。我想，用今天的话说，也是一种不忘初心吧。"

为了提高队员的水平，运动队经常组织队员外出观摩比赛，观看当时全国冠军容国团的比赛是最多的。当时广东省乒乓球队的水平在国内领先，队里有著名的运动员容国团。1958年，容国团参加了国内的九城市对抗赛，获得单打冠军。同年的全国乒乓球锦标赛（简称"全锦赛"）上，他也获得了冠军。为了提高队员水平，安徽队专门到广州进行封闭训练，同时也向广东队学习。因为是客队，刁文元他们只能在广东队训练时间之外进行训练。为此就要早起，或者傍晚训练。广东队带着安徽队每周培训40分钟左右。

容国团更多的时间是陪安徽队的队长袁芝祥训练，和刁文元也交流过几次。刁文元回忆说："当时容国团得过全国冠军，名气很大。他每次陪我们练球的时候，对我们态度还是不错的。就是有个习惯，在捡球时喜欢吹口哨。我每次和他训练，总是努力记住他的动作。训练完了，自己就开始琢磨，研究他的动作。应该说，这四个月的训练对我后来的技术提升有非常大的帮助。这些事情，我都记有日记。可惜，后来多次搬家，日记找不到了，连中央委员会前副主席李德生写来的信、开国中将郭化若送的签名书、西哈努克亲王送的纪念品……也找不到了，这是一件很遗憾的事情。"

容国团在中国香港的时候，在与日本队的比赛中战胜了当时的世界冠军狄村。容国团2009年当选"100位新中国成立以来感动中国人物"，荣获"最美奋斗者"称号。

容国团 1937 年出生在香港一个海员家庭，最早在家乡广东珠海一所华侨学校上学，成绩优异，学习打乒乓球也很用心。1957 年 2 月举办的香港乒乓球赛上，容国团与队友夺得男团、男单和男双冠军。同年 9 月，容国团作为港澳乒乓球队队员到北京、上海、杭州访问，看到了祖国发展的一派繁荣景象。两个月后，他毅然跨过了罗湖桥，加入了广东队。1961 年，第 26 届世乒赛在北京举行，中日两队展开了激烈对决。在决赛局上场前，容国团吼出了最能代表他人生精神的名言："人生能有几回搏，此时不搏，更待何时！"最终中国队以 5∶3 战胜日本队，第一次获得世乒赛男子团体冠军。这种拼搏不止的精神对刁文元也产生了影响。刁文元有个人生信条，那就是"不服输，有自信"。在后来的执教生涯中，刁文元也常常用容国团的话来激励自己的队员。

三进国家队

20世纪50年代末60年代初，围绕"增强人民体质"的根本任务，全国体育工作会议提出，在广泛开展体育运动的基础上，提高运动技术水平。这一时期，各项体育赛事进行得如火如荼。

时代造就英雄，机会属于有准备的人。因在第一届全运会上表现突出，1960年，刁文元第一次入选上海国家青年集训队。1962年，因"刁式弧圈球"技术出众，刁文元第二次进入国家队，成为国家队登上世界乒坛之巅的弧圈球陪练和幕后英雄。1964年，刁文元正式调入国家队，在锲而不舍的努力下，从陪练到主力，在第32届世乒赛上立下汗马功劳。"三进三出"国家队，刁文元勇攀高峰，成为乒坛一段佳话。

祖国的首次召唤

1959年11月，为进一步推动我国青少年群众性体育运动的开展，增强青少年的体质，加速提高乒乓球运动水平，并且迎接将要在我国举办的第26届世乒赛，共青团中央发出《关于在青少年中广泛组织乒乓球竞赛活动的通知》，倡议从1959年冬季开始到1960年秋季止，在全国青少年中广泛开展群众性的乒乓球竞赛活动。国家体委从全国青少年比赛和第一届全运会中选出来自全国各省市的170多名优秀乒乓球运动员，编成三个队，分别在北京、上海、广州集中训练。

刁文元因在第一届全运会上表现突出，荣列其中。除刁文元外，安徽省乒乓球队还有两名女运动员入选，分别是王智明和周美珍。其中，刁文元、王智明在上海集训区，周美珍在北京集训区。接到国家体委的调令时，刁文元兴奋了好几天。国家队代表国家的最高水平与精神面貌，是每一个运动员都梦寐以求、心向往之的地方，刁文元当然也不例外。从安徽到上海，从省队到国家队，18岁的刁文元，脸上虽稚气未脱，眼神却异常坚定，内心充满感激和憧憬。他知道，这是千载难逢的机会；他告诉自己，没有党的培养、人民的哺育，梦想无法成真，一定要刻苦训练，不负党和人民。

紧锣密鼓备战第26届世乒赛

当时距离1961年4月第26届世乒赛开幕仅剩一年多时间，为了打好这场家门口的大赛，必须加速提高运动员的技术水平。国家体委成立专门训练工作领导小组，制订强化训练计划，集中优秀教练员力量，紧锣密鼓地组织开展训练和比赛。在上海的国家集训队男队教练组由陆汉俊、张子沛、李连生、杨永盛组成，队员有张燮林、刁文元、刘国璋、薛伟初、欧扬维、张世德、曹自强等。男队员有30多人，都是各地的精兵强将，正可谓朝气蓬勃，高手云集。

训练伊始，刁文元就感觉到了和在省队的不同，这里的训练更专业，训练强度也更大。从小就能吃苦耐劳的刁文元很快就适应了新的高强度训练节奏。经过一段时间的专业训练，刁文元的技术水平有了提高。倍感喜悦的同时，刁文元发现自己在很多方面与其他队员仍存在差距。队友们的打法各有特点且多有绝招，特别是一些来自大城市的队友，他们打法先进，技巧与体能运用科学，技战术明确、精细，对困难球和关键球处理得当……

1960年，刁文元在上海国家青年集训队与部分队友合影（左起依次为四川李先觉、福建廖文挺、福建邱昌阳、安徽刁文元）

刁文元年纪轻，精力充沛，而且爱学习，勤琢磨。每天训练或比赛的时候，他总是细心观察队友的各种不同打法，回到宿舍休息时就在脑海中复盘，第二天完成规定训练任务后主动加练，边琢磨边实践。刁文元还善于创新，他不是一味地模仿队友，而是吸取别人的长处，同时结合自己的特点来丰富、改进打法。如此创新学习，取长补短，刁文元的技术又精进不少。"能到上海学习各省市高水平运动员的技术，是我梦寐以求的事。那段时间，我学到了很多在安徽学不到的东西。"刁文元回忆说。

要想取得优异的成绩，除了艰苦训练提高技术水平外，还要锻炼坚强的意志品质。刁文元给自己定下目标：只要是关于意志品质的训练项目一定奋勇争先。在测验耐力的长跑和游泳项目中，他给自己定下目标：长跑每次一定要在前三名，游泳一定要坚持游到最后。手脚被水泡涨了他也毫不在意。

"第一百零九将"

1960年4月，第26届世乒赛组织委员会成立。为了加强对筹备工作的具体领导，该委员会先后集中了一批干部，成立了筹备组织工作领导小组和运动员训练工作领导小组，分别由黄中、李梦华负责。运动员训练工作按照"加紧训练，迅速提高，打出最高水平，力争胜利"的总要求有序推进。同时，贯彻战略上藐视困难和战术上重视困难相结合的思想，加强爱国主义和集体主义教育，树立敢于胜利，善于斗争，团结一致，为国争光的坚强信念。

分区集训一段时间后，运动员训练工作领导小组组织开展了三次三个集训区的集中比赛，通过比赛又从中遴选出108名运动员组成集训队，在北京集训。其中男队员62名，以上海和广东的队员最多，各有11名；女队员46名，最多的是广东队员，有8名，其次是上海队员，有7名，安徽只有1名队员，即周美珍。这支集训队，后来被称为"一百零八将"。教练员有梁焯辉、傅其芳、姜永宁、陆汉俊、梁友能、钟汝楷等，他们技术过硬，经验丰富，知人善用。"一百零八将"中既有容国团、王传耀、徐寅生、邱钟惠、庄家富等一批国家队老队员，也有庄则栋、李富荣、周兰荪、胡道本、王家声等一批年轻的进攻打法的"新鲜血液"。集训队内一时热闹非凡，各路打法，各种绝招，相互促进，大家都为了共同的目标努力奋斗。

集训期间，领导号召队员向解放军学习，从难、从严、从实战出发，进行大运动量训练。针对世乒赛7个比赛项目，集训主攻团体赛，分攻单打和双打。根据当时的乒坛情况，男队教练傅其芳提出，中国应使用快攻打法，要打得积极主动，坚持"快、准、狠、变"的风格。

2008 年，第 49 届世乒赛期间，当年参加北京第 26 届世乒赛集训的"一百零八将"齐聚一堂，徐寅生亲自邀请刁文元参加，大家称其为"第一百零九将"，因为他是那一批运动员中最大器晚成的一个。

错失世乒赛

对于运动员来说，最大的困扰就是伤病，因为伤病会耽误训练，严重的会减少运动寿命，甚至会摧毁一个运动员的职业生涯。但是运动员又很难避免伤病的困扰，毕竟他们在平时训练的时候就一直在进行高强度的运动，而身体所能承受的运动量是有限的，在日复一日的重复运动过程中，身体必然会受到影响。如果说积劳成疾是所有职业运动员的"通病"，那么"坚持带病上阵"则是中国运动员，尤其是高水平运动员伤病高发的"特殊"原因。坚持的品质，历来都是中国运动员最大的优点。不可否认，坚持扎实刻苦的训练是创造优异成绩的基础，但"带病上阵"却会给运动员带来不小的损伤。

随着世乒赛的临近，集训队对训练质量的要求不断提高，训练工作也进一步强化。一心扑在训练上的刁文元对身体的偶尔不适没有重视。1960年夏天，三大集训区队员在北京比赛期间，刁文元突发急性阑尾炎，半夜发病，又因前期误诊吃止痛药，造成穿孔，情况十分危急。教练李连生连夜将其送往中苏友谊医院，幸得及时医治，刁文元躲过一劫。手术近三个小时，李连生一直等在手术室外，术后又细心照料。每每想起，刁文元都由衷感激："教练的救命之恩，我终生难忘！"命保住了，却被医生要求休息两个月。耽误了两个月的训练，导致技术滑坡，比赛成绩自然不理想，刁文元因此回到省队。

挥别集训队，除了不舍和不甘，还有无奈，但是刁文元在心里告诉自己：不要放弃！回到省队，在安徽省体委领导的关心及教练和队友的帮助下，刁文元身体恢复得很好，并恢复了训练，很快再次成为安徽省乒乓球队主力队员。

邂逅弧圈球

1961年4月，第26届世界乒乓球锦标赛终于拉开战幕。可容纳15000名观众的北京工人体育馆座无虚席，周恩来、邓小平、贺龙等党和国家领导人以及国际乒联主席蒙塔古等各国来宾出席了开幕式。蒙塔古是国际乒联首任主席，有"多才多艺的国际乒联奠基人"之称，他为推动世界乒乓球运动的发展作出了巨大贡献。1952年，蒙塔古首次访问中国，邀请中国参加翌年举行的第20届世乒赛，并邀请中国加入国际乒联。在以美国为首的帝国主义集团对新中国疯狂实行政治、经济和文化封锁的时候，国际乒联是最早向中国敞开大门的国际组织。

这是中华人民共和国成立以来第一次举办单项体育世界大赛，也是12岁的年轻共和国向世界亮相的一个机会，隆重的开幕式刷新了乒乓球历史。9天，40万张入场券销售一空。安徽省乒乓球队因为在国内各项赛事中取得了很好的成绩，省体委十分重视，领导研究决定率全队前往北京观摩学习，并且给几个主力队员购买了甲等通票。甲等通票位置在前五排，45元一张，可以从开幕式一直观看到闭幕式，包括其间所有场次的比赛。这可把刁文元高兴坏了，因伤病错失国家集训队后期训练机会的失落也一扫而光，满心期待着近距离观赏和学习世界顶尖高手的巅峰对决。

大赛设有男女团体赛及五个单项赛，作为东道主，按照当时国际乒联的规定，参加单项赛的选手可以增加一倍。因此，我国有男女各32名运动员参加单项赛，创造了世乒赛历史上代表队人数最多的纪录。各项赛事中，最令人关注的当属男子团体赛。自容国团夺取男单世界冠军后，中国队成为各国运动员主攻的目标，特别是上届冠军日本队。就在临近世乒赛开幕仅有几个月的时间里，传来日本运动员发明了对付中国运动员的秘密武器"弧圈球"的信息。欧洲运动员对弧圈球一筹莫展，屡屡败北。于是，中国集训队针对弧圈球展开了一场围歼战。中国乒乓球协会（简称"中国乒协"）专门派人去收集资料，胡炳权、薛伟初等几位老队员，从国家荣誉出发，主动放弃参赛，学习掌握弧圈球技术，给主力队员作陪练。效果到底如何，只有赛场上见分晓。

男子团体分组循环赛是从4月5日开始的，来自五大洲30多个国家和地区的200多名优秀运动员展开了争夺小组冠军的角逐。经过三天激战才决出三个小组的冠军——中国队、匈牙利队和日本队。中国队和日本队在复赛中又分别以5：1和5：2战胜了匈牙利队。扣人心弦的中日斯韦思林杯争夺战于9日晚精彩上演。

志在卫冕的日本队派出的阵容是获得两届男单世界冠军的荻村和日本全国冠军星野两员老将，以及第一次参加世乒赛的新手木村。中国队上场的是容国团、徐寅生和庄则栋。

面对强劲对手，中国队三名队员临危不惧，凭借敢拼敢闯的大无畏精神，交叉运用发球抢攻、侧身抢攻和连续扣杀的凌厉攻势，鏖战近三个小时，最终以大比分5∶3战胜日本队，第一次登上了男子团体世界冠军的宝座。

随着那流星一样的银色小球旋转着落地，北京工人体育馆比赛大厅里的百盏大灯瞬间齐放光明，把大厅照耀得如同白昼，15000名观众全体起立，振臂欢呼，鼓掌跳跃，连场外的工作人员也都涌到各个入口处，想亲眼看一看世界冠军诞生的盛景。赛场内外一片欢腾，那喜悦和兴奋的欢呼声，在向全国、全世界报喜：参加世乒赛只有4年历史的中国男子乒乓球队荣获本届世乒赛团体冠军，为祖国争得了崇高荣誉！

坐在观众席上的刁文元和其他观众一起沉浸在激动和喜悦中，内心久久不能平静，他为冲上巅峰的中国队感到骄傲，更为伟大的祖国和人民感到自豪！回到宾馆，刁文元辗转反侧，彻夜难眠，日本队的"弧圈形上旋球"在他脑海中挥之不去。这次比赛，中国队因为准备充分，将近台快攻的威力发挥到了极致，抑制住了弧圈球，但

1961年，观摩第26届世乒赛期间刁文元与队友合影（左起依次为四川李先觉、福建苏立言、江苏林群立、福建邱昌阳、安徽刁文元、福建刘永基、江苏龚宝华）

是这并不代表弧圈球没有优势。刁文元被这种打法深深地吸引住了，他第一次看到打球不用"打"而用"摩擦"，向前向上的摩擦，使球的速度、旋转、力量和落点变幻莫测。弧圈球的拉球动作、弧圈要领、接触球的部

位、球拍引拍角度、用力方向、步法和重心变化、站台
远近……深深印在了刁文元的脑海里。

发明"刁式弧圈球"

弧圈球是一种强烈的上旋球，特点是既有强大的攻击
力，又有很强的稳定性。按击球的方位来划分，弧圈球
可分为正手弧圈球和反手弧圈球两种。这种技术由日本
人发明。①

一种打法可以在一段时间里处于先进地位，但是如果
不创新、不发展，就可能由先进变成落后，甚至被淘汰。
直拍近台快攻打法具有"快、准、狠、变"的特点，是
当时中国的主流打法，青少年后备力量大都是这种打法，
刁文元也不例外。第26届世乒赛上，容国团、庄则栋、
徐寅生、李富荣、王传耀都是颗粒胶近台快攻打法，赢
了日本队，从成绩上看好像正胶快攻是先进打法，而反

---

① 弧圈球最早出现在20世纪50年代末的日本，是一位叫中西义治的大
学生发明的。日本队掌握这一技术之后，成为当时的世界乒坛霸主，盛极一
时。详见《揭秘乒乓球弧圈球技术的演变史》，https://zhuanlan.zhihu.com/p/
165558243。

胶弧圈球打法稍逊一筹。但是刁文元从中看到了弧圈球的威力和巨大潜力。于是他想，如果将弧圈球的"转"融入"快、准、狠、变"中，弧圈球和快攻相结合会擦出怎样的火花呢？光说不练假把式，刁文元说干就干，观摩完第26届世乒赛，从北京回到安徽后，他毅然决然地正胶换反胶，将训练的重点转到弧圈球技术上。

当时，相关专业人士对弧圈球技术都很陌生，只能从直观上感受到一些大致印象。这种打法在日本、欧洲也才开始运用。对于一个水平较高的专业乒乓球运动员来说，中途易辙更换打法是冒着极大风险的，可刁文元偏偏是个胆大敢干的主儿。他凭着观摩世乒赛的记忆，加上《新体育》封底上的一组介绍弧圈球打法的照片，对着照片上的动作说明，仔细地琢磨起来，将一个个动作分解开来练习。一个动作往往要练上几天，甚至十几天，上百个小时，但还达不到熟练的程度。那些日子里，刁文元练弧圈球入了迷。打惯了中国的圆拍，为了练习弧圈球，他只得改用方拍。练习之初，只是凭直观的印象，对着训练房里的镜子，改变已经习惯的打法和动作。他用硬纸板将手腕围上几圈，再用纱布条捆紧，外面还要套上一只护腕，把手腕固定住，不让它随意乱动，为的就是用直拍打弧圈球。每天训练5个多小时，被硬纸板固定的手腕不知道要挥动多少次。一天的训练下来，往往手腕发麻失去知觉，有时练的时间稍微长一点，手腕就痛得难以忍受。即便是这样，刁文元也没有停止过训练。等到对弧圈球打法有了一定的认识，并掌握其基本动作要领之后，刁文元又觉得这种打法是外来的，如果不在这个基础上寻求创新，单纯跟在别人的后面，就永远战胜不了别人。于是，刁文元在弧圈球的打法中揉进快攻技术，形成了一种旋转结合速度、弧圈配合正反手扣杀、旋转与落点变化不一的带滑板的"刁式弧圈球"打法。

功夫不负有心人，在几乎走火入魔的痴心努力下，刁文元终有所获，新式弧圈球打法逐渐成熟，甚至能运用到比赛中。1961年10月，北京乒乓球队（简称"北京队"）到合肥访问。刁文元的新打法让人耳目一新，而且他凭借弧圈球技术在比赛中战胜了北京队的许大皖等主力队员。1962年，全国乒乓球锦标赛在南昌举行，安徽女队队员周美珍荣获女单亚军，安徽省乒乓球队再次引起国人关注。刁文元作为安徽代表队主力队员分别参加了男子单打和团体赛，虽然他在男子单打比赛中没有取得很好的名次，但是在团体赛中表现突出，带领安徽代表队闯进前八名。更重要的是，他采用弧圈球打法战胜了多位国家队队员，其技术水平与国家队弧圈球高手余长春、廖文挺、何祖斌、吴小明等不相上下。这一成绩引起了国家队教练梁友能的关注。赛后，梁友能问刁文元："你的弧圈球打法是谁教的？"刁文元谦虚地回答道："自己瞎捉摸的。"

不久，刁文元就被选入国家乒乓球队集训，作为陪练备战第27届世乒赛。"梁友能教练是我的贵人，是他让我的梦想再次启航。"刁文元回忆说。

国家队的无名英雄

1962年10月2日，是刁文元终生难忘的日子，安徽省体委办公室向他转达国家体委的通知：10月5日到北京工人体育馆七号看台国家乒乓球队报到，备战第27届世乒赛。刁文元欣喜若狂！消息很快传遍安徽省体工队，刁文元去食堂打饭时，周围投来很多羡慕的目光，连负责打菜的老唐师傅给他的红烧鸡块都比其他人多。刁文元沉浸在众星捧月般的幸福之中。他知道，进国家队难，回省队又第二次进国家队更难！这在安徽省没有先例，就是在全国也寥寥无几。他一直在心里想着四个字：珍惜，奋进！

刁文元这次进国家队集训的主要任务是陪练，虽然他的整体技术水平还不够参加世乒赛，但是他的弧圈球打法在当时很稀缺，而且正是国家队主力队员需要战胜的"对手"。经过观察，国家队教练组决定让刁文元模仿日本主力队员三木圭一。三木右手使用直拍反胶，反手能攻能挡，步法灵活，发球和拉球旋转很强，扣杀力量极大，技术全面，是中国队的主要对手之一。他在第26届世乒赛男子单打项目中先是3∶0淘汰了中国五次单打冠军王传耀，但后来0∶3被张燮林淘汰。在与张燮林的比赛中，有两局比分悬殊，被打得一时摸不着头脑的三木对日本记者说："张燮林削过来的球像火一样，他不是打球，他是在变魔术。"弧圈球自有它的威力，如何抑制它并发挥我们的优势，需要知己知彼、有针对性地训练。这就对陪练的打法和水平提出了更高的要求。

徐寅生在接受《乒乓世界》记者采访时曾说："中国产的弧圈球选手，每天陪着主力队员们练，真正是做到'重点保证，随叫随到'，这些'无名英雄'很辛苦，我们主力队员五六个轮番跟他们练。拉弧圈球动作大，每拉一板都需要用很大的力量，胳膊都拉肿了。我们打半个小时还只是刚出汗，可他们早已浑身湿透了；我们轻轻变一个角度，他们却要东奔西跑，累得直喘气。有时我们看到他们累得够呛，练的时候不大好意思放开打。他们一见到我们手下留情，就主动提醒我们：'你不要照顾我，你现在不打，将来正式比赛时就麻烦了。'上场的、不上场的，一起为了祖国荣誉而努力。经过一段时间的针对性训练，主力队员对付弧圈球的能力有了提高，也增强了信心。"陪练队员甘当铺路石的奉献精神由此可见一斑。

勤奋与天赋

第二次进入国家集训队，刁文元因失而复得而倍加珍惜，比第一次更勤奋。一起调入国家集训队的除刁文元外，还有北京队的许大皖、上海队的于贻泽、江苏队的周午生、河北队的徐庆华。陪练的任务主要是在训练中帮助主力队员适应弧圈球打法，合理使用中国快攻技术。

1962年10月，中国乒乓球队访问日本。由荣高棠率领的中国乒乓球代表团一行13人，先后在名古屋、东京、德岛、大阪与日本队进行了五场比赛。其中一场比赛，中国队4∶5负于日本队，这说明日本选手具有雄厚的实力，是下一届世乒赛中国队的强劲对手。访日归来，教练和队员们都意识到，要战胜日本队不容易，必须从技术上和战术上全面加强训练。中国乒乓球界提倡各种打法百花齐放，相互促进，外国有的我们有，外国没有的我们也有，所以论训练条件中国队比日本队有利。新入集训队的刁文元、许大皖、徐庆华以及原陪练主力余长春、廖文挺等人组成弧圈球陪练队，先后由梁友能和胡炳权教练负责管理，专门配合主力队员训练。主力队员们带着"敌情"练兵，不放过一点细节，既提高了争取主动的技术，也练成了相持的能力，信心倍增。

　　按照教练组安排，周一至周六训练，周日休息。大赛在即，陪练运动员训练强度增加，加上拉弧圈球动作大，体力消耗也大，一天练下来腰酸背痛不说，肩伤、腰伤更是家常便饭。医务室里经常出现刁文元的身影，消炎、止痛、按摩、针灸试了个遍，但是刁文元从不叫苦，稍稍缓解即上场继续陪练。除了平时上、下午的常规训练，晚上只要不开会刁文元就会主动加练。周日大部分队友都休息了，他至少要加练半天。一天两天好说，一直坚持却不容易。刁文元说："提高乒乓球技术水平最重要的三个要素就是训练方法、训练对手和训练时间。在国家集训队，训练方法科学先进，训练对手全国顶尖，只有训练时间是个人可以争取的。战胜别人之前我要先战胜自己，我要在训练时间上超过所有人。坚持就是胜利！"刁文元刻苦训练的同时还善于学习钻研，在陪练的过程中注意吸收队友的优势技战术，调整、改进自己的打法。在勤奋与天赋的加持下，刁文元的弧圈球水平显著提高，在与主力队员的比赛中常常互有胜负。

除了勤练弧圈球外，刁文元还刻苦钻研发球技术，争取在比赛中抢占主动权。发好球要求运动员加强对自身力量、速度的控制，实现旋转和落点的结合，从而为自己下一板的技战术做准备，甚至直接发球得分，取得比赛优势。刁文元擅长发反手侧上、下旋短球。与队友李景光搭档参加亚非乒乓球友好邀请赛男子双打项目时，刁文元以高超的发球技术连续得分，一旁的李景光幽默地说："哥们儿，发球悠着点，我没事干，冷！"

亦师亦友徐寅生

徐寅生，1938年出生于上海，素有"乒坛智多星"之称。21岁时，徐寅生第一次随国家队出征，参加第25届世乒赛。第26、27、28届世乒赛，他作为主力队员与队友携手实现男团三连冠，其中，在第26届世乒赛团体决赛中连扣日本名将星野12大板得分，成为流传至今的经典对决。此外，他还与庄则栋搭档拿下第28届世乒赛男双冠军。退役后，徐寅生转任国家队教练，并率队参加世界大赛，曾见证推动中美关系"破冰"的"乒乓外交"。1977年，徐寅生任国家体委副主任。自1979年起，担任中国乒协主席长达30年。1995年，徐寅生担任国际乒联主席。任职期间，他提议允许世乒赛冠名，为国际乒联"广开财路"；同时提出"小球改大球"的改革方案，提升赛事观赏性，推动乒乓球运动整体发展。2001年，他被任命为国际乒联终身名誉主席。

从队友到主管教练，徐寅生对刁文元有知遇之恩，而在特殊历史时期，刁文元与徐寅生肝胆相照，可谓患难见真情。1973年第32届世乒赛，刁文元首次加入团体阵容，徐寅生任男队主教练。在对阵瑞典队的比赛中，徐寅生主张用刁文元，理由是他的特长突出，能在对方三号人物维克斯特伦身上稳拿3分。但因意见不一，最后服从组织安排，刁文元没有上场。结果这场比赛中国队以4∶5负于瑞典队。在后面对阵匈牙利队和苏联队的两场大战中，徐寅生坚定地让刁文元出阵，而刁文元也没有辜负徐指导的信任和期望，特别是在对阵苏联队的比赛中立下大功。

"我的巅峰时期得益于他的点石成金之笔。一名教练对队员的影响不仅限于事业上，也包括做人方面。徐指导的人格魅力是我望尘莫及的。"刁文元说。在刁文元的眼里，徐寅生沉着冷静、幽默睿智，是他的恩师，更是他的挚友。

战友胡道本

第27、28届世乒赛集训期间，刁文元经常被安排与庄则栋、徐寅生、张燮林、李富荣、胡道本练习，其中练得最多的要数"老道"——胡道本。

备战北京第26届世乒赛的"一百零八将"中，湖北有三人，即胡道本、胡淑芬、钟友香，其中胡道本球技最为高超，他的成名绝技是"正手打回头"技术。第26届世乒赛上，胡道本与卫冕冠军容国团分在同一个半区，容国团被巴西14岁小将考斯塔淘汰，爆出一个惊天大冷门。阻击巴西黑马的重任落在了胡道本身上。关键时刻，胡道本沉着应战，以3∶0横扫巴西小将，并连续闯关，击败了自己这条线上的所有外国选手，进入八强，扫清了中国队夺冠的拦路虎。

从集训队的"一百零八将"到国家队队员，胡道本一直非常刻苦。1963年初，《北京日报》曾发过一篇报道：为备战第27届世乒赛，第26届世乒赛男子单打前八胡道本星期日不休息，与弧圈球选手刁文元补课练习，适应弧圈球快打。其实在前一天，刁文元就与其他队友相约周日去北海公园划船。但当胡道本提出练习的时候，刁文元二话没说就答应了。练完球，胡道本得知情况后很是感动。

20世纪80年代初，胡道本作为援外教练，前往冰岛执教该国乒乓球队。当时刁文元正执教圣马力诺乒乓球队，相同境况的二人常有来往，私交甚笃。胡道本在冰岛执教多年，以小小银球为媒介，不仅传播了乒乓球文化，而且促进了中冰两国的民间友谊和文化交流，堪称乒乓大使。

荣立三等功

1963年4月5日至14日，第27届世界乒乓球锦标赛在捷克斯洛伐克首都布拉格举行。中国乒乓球代表团一行近40人，由荣高棠任团长，分两批提前一周出发前往布拉格。男子团体赛共30个代表队参加。

9日晚，男子团体决赛准时开幕，中日之战再一次上演，是止步亚军还是蝉联冠军，答案即将揭晓，代表中国队出场的庄则栋、张燮林、徐寅生蓄势待发。第一盘以庄则栋和木村之间的快速战开始。第一局木村获胜，接着，庄则栋赢了第二局。在决定性的第三局中，木村几次救出了看似已无法抢救的险球，再一次获胜，为日本队先胜一盘。第二盘，中国选手张燮林上场。这位直握球拍以削球闻名的中国选手从容不迫，他柔韧的削球，使三木的快速猛攻难以发挥威力。张燮林从7：1打到17：8，并以21：9的优势先胜一局。第二局，三木鉴于猛攻无效，就采用了推挡和打长短球的办法。但是，当三木吊近网短球的时候，张燮林常常从远台一个箭步上来，猛抽一板得分。三木的这套办法又失去了作用。结果，张燮林在 14：8 领先 6 分之后，又连得 7 分，结束了这一局的战斗。场上响起了热烈的掌声，观众对张燮林变幻莫测的削球技术表示钦佩。

第三盘，徐寅生以 21：11 和 21：17 战胜前男子单打世界冠军荻村。这是一场斗智斗勇的比赛。当第二局徐寅生以 7：5 领先时，荻村开始采用下蹲式发球。这届比赛以来，他用这种发球方式多次反败为胜。但这次他发 5 个这种球，有 3 个被徐寅生接回，另 2 个没发过网。第四盘，张燮林再度上场，对左手握拍以攻势凌厉著称的木村。结果张燮林用对付三木的同样办法，以 21：5 和 21：11 的悬殊比分战胜了这位上届男子双打世界冠军之一。张燮林独得 2 分，打乱了日本队的阵脚，使他们陷入了困境。第五盘，庄则栋以更快和更猛烈的攻势战胜了荻村，两局比分都是 21：19。比赛中，双方数度展开了连续不断的对攻，引起了观众热烈的掌声。这盘比赛结束时，中国队已是 4：1 领先。第六盘，徐寅生多次用反手发球牵制对方，形成快攻，发挥推挡特长，取得主动，以 21：12 和 21：19 战胜三木。中国队最终以 5：1 又一次击败了日本队，蝉联男子团体世界冠军。

在第 27 届世乒赛上，中国男队不仅蝉联男团冠军，在单打和双打比赛中也打出了水平，显示了中国男队集体力量的雄厚。其中，庄则栋、李富荣、张燮林、王志良包揽男单前四名，庄则栋获男单冠军，张燮林和王志良、庄则栋和徐寅生、李富荣和王家声分获男双金、银、铜牌。

1963年7月16日上午，陈毅出席了第27届世界乒乓球锦标赛中国乒乓球队评功授奖大会，向中国乒乓球队被授予特等、一等、二等、三等功的运动员和教练员发了奖状，并且在讲话中勉励他们戒骄戒躁、再接再厉，努力提高阶级觉悟和技术水平，争取更大的胜利。[①]国家体委对荣誉和利益的分配很公平，评功授奖大会上，除了对比赛中奋勇拼搏为祖国争得荣誉的主力队员评功授奖，对陪练队员中任劳任怨、刻苦努力、表现突出的同志也给予极大鼓励。刁文元等多位甘当铺路石、甘当无名英雄的陪练队员被授予三等功。

---

① 刘树发:《陈毅年谱》,人民出版社1995年版,第975页。

奖 状

刁文元 在第二十七

届世界乒乓球锦标赛中

荣立三等功

中华人民共和国体育运动委员会

一九六三年七月六日

1963年，刁文元在第27届世乒赛中荣立三等功

天安门广场夜空的星星

1963 年，国家仍处在困难时期，各行各业均面临严重的食品和物资短缺。为减轻压力，在第 27 届世乒赛总结表彰大会后不久，国家体委对国家乒乓球队进行大调整，精简运动员队伍。刁文元被安排回省队，接到同样通知的还有江苏的周午生。

在离开北京的前一天晚上，二人相约来到天安门广场。一瓶二锅头，两包花生米，他们席地而坐，看着天上的星星沉默不语。8 月的天安门广场，风不大，却透心凉。他们心中各自翻腾，被同样的失落围绕着。对于刁文元来说，这一次回省队与第一次性质不同，第一次是因为手术，无法争取，也无可奈何。这一次调入国家集训队，经过几个月的训练，他感觉到自己的技术水平有了显著提升，回省队心有不甘。但是他转念一想，自己能被选入集训队备战世乒赛已是万分幸运，国家体委还授予了三等功荣誉，这是对自己的极大肯定。只要能继续打球，到哪里都可以，只要继续努力坚持，就一定还有机会。刁文元的心突然就敞亮了！

回队的路上，刁文元和周午生一再相约，有机会去苏州看他。后来刁文元在意大利执教期间，曾两次回国到苏州周午生家中看望。昔日战友重逢，忆起当年岁月自是历历在目。

从幕后到台前

虽然回了省队，但刁文元并没有因此消沉，而是更刻苦更努力地训练，技战术水平也不断提高。1963 年 11 月，全国乒乓球锦标赛如期举行，刁文元与蒋光骝搭档夺得男子双打第三名，充分展示了"刁式弧圈球"的威力。

1964 年 10 月，国家体委发来调令，刁文元被正式调入国家队，户口、粮油关系、工资关系、档案等随行政关系一并转入，主要任务仍是陪练。三进国家队在当时史无前例，虽难以置信但真实发生了，可谓天道酬勤。除了喜出望外，刁文元的内心更多的是一种笃定。

作为陪练运动员，一是个人技术要过硬，二是要放弃自己原来已成型的打法，这意味着基本失去了成为主力队员的可能。能正式加入国家队，刁文元已经很满足，他心无旁骛地帮助主力队员训练。起初的两三年时间，

奖 状

运动会名称	1963年全国乒乓球锦标赛
项目名称	刁 文 元
姓成名	绩
名次	男子双打　第三名

中华人民共和国体育运动委员会
一九六三年十二月十三日

1963年，刁文元在全国乒乓球锦标赛中获男子双打第三名

刁文元像机器人一样，每天从早陪练到晚。为了进一步磨炼毅力，他与队友何祖斌常年在中午别人休息时坚持练习。由于运动量过大，晚上休息时，他累得连脱衣服的力气都没有了，许多时候和衣倒下便睡着了，甚至早上醒来发现背包还在身上。

除了给男队主力队员陪练，刁文元和队友还去女队陪练。在第27届世乒赛上，中国女队团体赛没能夺冠，女单未能成功卫冕，混双也未能打进决赛，几乎全军覆没，与男队的成绩形成了强烈的反差，被人调侃为"沾女子边的都输"。因此，回国总结时，女队提出了"誓打翻身仗"的口号。1964年10月29日，贺龙找庄则栋、徐寅生谈话，要他们动脑筋，想办法，为国家争荣誉。"男队帮助女队，共同过好技术关"，"要从最困难处着想，多作几手准备"①。于是，在集训期间，女队不仅加大训练的难度和力度，而且采用男帮女的方法，选择安排一些男队员有针对性地帮助女队员训练，并开展"一帮一"结对活动。为了战胜日本队的弧圈球，女队需要克服站台过近、难以旋转变化的缺点，增强削球的旋转，实现稳与转的统

①《贺龙年谱》编写组：《贺龙年谱》，中共中央党校出版社1988年版，第431页。

一。这就要求女队员要多与打弧圈球的队友对练，在实战中提高。因此，刁文元和队友也会去女队陪练。

华侨国手林慧卿

20世纪60年代左右，林慧卿、林美群、李光祖、陈盛兴、郑纪益等一批华侨国手，怀揣赤子之心回到祖国的怀抱，投身于乒乓球事业。他们中多人多次获得过世界冠军，为国乒的长盛不衰贡献了力量，林慧卿就是其中的重要一员。

林慧卿祖籍广州新会，1941年出生于印度尼西亚，1959年回国，1960年进入国家队。她是横拍削球打法，守中有攻，参加过4届世乒赛，共获得5枚金牌，是中国第一位集世乒赛女团、女单、女双和混双等冠军于一身的运动员，也是中国女子乒乓球队第一位女性主教练。

1964年，为备战第28届世乒赛，刁文元等到女队陪练，帮助她们提高对付弧圈球的技术水平。刁文元陪练的队友中就有团体主力林慧卿。经过一段时间的针对性训练，林慧卿的削球既稳又转，这大大增强了她的信心，也为她战胜日本弧圈球高手深津尚子奠定了基础。第28届世乒赛中日决战中，容国团大胆启用林慧卿、郑敏之，打了对手一个猝不及防。首盘，郑敏之旗开得胜，击败了关正子。第二盘，林慧卿对阵日本的后起之秀深津尚子，这场关键之役将女团决赛推向高潮。深津扣杀凶猛，弧圈球旋转有力，曾在前一年的访华比赛中连胜中国选手12场，是继松崎之后世界乒坛又一颗超级明星。林慧卿沉着冷静、从容应战，多次"海底捞月"救起了深津连珠炮般的重扣，并用转与不转的削球使深津判断失误，还不时削中突然起板打乱了深津的阵脚。双方激战三局，最终林慧卿以2∶1获胜。第三盘双打，林慧卿再次出阵，搭档郑敏之，战胜了日本队关正子和深津。中国姑娘终于以3∶0横扫六次夺得世界冠军的日本队，第一次捧起考比伦杯。女双决赛，林慧卿、郑敏之奋力拼搏，以3∶2战胜关正子、山中教子，又为中国队第一次捧得波普杯。

载誉归来，林慧卿深知辉煌成绩的取得离不开陪练队友的无私付出，她特意为刁文元带回了一份"洋礼"——精致漂亮的台布。刁文元一再拒绝，最后把林慧卿给急哭了才勉强收下，一时传为笑谈。

再立三等功

1965 年 4 月 15 日，第 28 届世界乒乓球锦标赛在南斯拉夫卢布尔雅那开幕。本届世乒赛共有 46 支代表队参赛。

4 月初，中国乒乓球代表团由团长荣高棠带队出发前往南斯拉夫，女队志在问鼎，男队志在卫冕。经过广泛征求意见，反复研究，中国女队出战团体赛的是四位新手：梁丽珍和李赫男是一对快攻手，善于对付欧洲削球防守打法；林慧卿和郑敏之是一对削球防守手，善于对付日本队的弧圈球进攻。中国男队出战团体赛的则是经验丰富的庄则栋、张燮林、徐寅生和第一次打团体赛的李富荣。在分组循环赛中，中国男队、女队均以小组第一出线，并一路过关斩将。最后，男、女团体决赛均在中日之间展开。

决赛前，教练容国团在纸上画了一条龙，将梁丽珍、李赫男的名字写在龙身上，而龙的两个眼珠上则分别写着"林""郑"二字！这被称为"画龙点睛"的方案打乱了日本队的计划，"以柔克刚"的办法出奇制胜。郑敏之、林慧卿分别拿下一盘单打，并配合在双打中获胜，最终以 3 : 0 攻克蝉联四届世界冠军的日本女队，第一次登上世界冠军宝座。当最后一个球被日本队关正子击出界，悠悠落到地上时，团长荣高棠激动地跑进场地向队员们热烈祝贺，女队员们则高兴得蹦起来，相互拥抱，尽情欢呼。压在女队身上多年的"沾女子边的都输"的包袱，终于甩掉了！

男团决赛，代表团领导和教练员们认真分析中日两队情况，权衡利弊，确定上场名单为庄则栋、张燮林和李富荣。第一盘，张燮林负于高桥浩。第二盘，在开局不利的情况下，李富荣勇敢顶上，以2：0胜小中健，扳平比分。第三盘庄则栋胜木村。第四盘，张燮林对阵小中健，通过旋转变化，以2：0战胜对手。第五盘，庄则栋再上，负于进攻凶狠的高桥浩。第六盘，李富荣临危不惧，以2：1胜木村，中国队以4：2领先。最后一盘，庄则栋战小中健，二人均是左右开弓的打法，但庄则栋更近台，速度快。随着最后一击的成功，中国队有惊无险，以5：2再次击败日本队，第三次捧回斯韦思林杯。

第28届世乒赛上，中国运动员在7个项目的比赛中共夺得5个冠军、4个亚军和7个第三名。辉煌成就的背后凝聚了所有教练员和运动员的智慧和汗水，包括陪练队员。正是知己知彼的针对性训练和陪练队员的全力付出，使挂帅上场的主力队员们更有底气，一举打垮了日本队的霸气。在陪练中表现优秀的刁文元再次被授予三等功。

"走在世界冠军前面的人"

中国乒乓球代表团载誉归来后，周恩来、邓小平等中央领导在中南海宴请世乒赛有功人员，再次被授予三等功的刁文元有幸参加。

6月的北京蓝天白云，鲜花盛开。一辆大巴车载着国家乒乓球队队员前往中南海。车内的姑娘、小伙子们激动万分，一路欢声笑语。靠窗坐着的刁文元，望着窗外一晃而过的风景浮想联翩。他想起了家乡的小镇，想起了那个调皮捣蛋的孩子……一个来自偏远小镇的年轻人，因为对小小银球的热爱和执着，从家乡门板做的球台打起，一路打到省队，又三进国家队，何其幸运！他做梦也想不到，有一天能参加中央领导在中南海的宴请！

约30分钟的车程后，大巴车停在中南海后门口，两名军人上车问道："哪个单位的?"答："中国乒乓球队。"军人又问："庄则栋来了没有?"庄则栋从座位上站起说："我是庄则栋。"军人与庄则栋对视几秒钟后下车。接着上来两名工作人员。车很快往前驶出一段时间后，停在一个院子外面的空地上。院子里有一座高大的宫殿式建筑，红墙琉璃瓦，斗拱飞檐，内部空间很大，是一个铺着厚厚地毯的宴会厅。

接近中午的时候，周恩来、邓小平、贺龙等中央领导来到宴会厅。有领导介绍道：这里是中南海凯旋阁，古代征边得胜回朝请将领们吃饭的地方。你们为祖国和人民争得荣誉，党和人民永远不会忘记你们的……

"吃的什么菜我记不清了，只记得水果是糯米荔枝，核很小，只有米粒大，水分很足，甜而不腻。"刁文元回忆说。同坐一桌的除了陪练队友外，还有时任国务院华侨事务委员会主任廖承志。席间廖承志问及姓名和比赛情况，刁文元说自己是备战陪练人员，没有参加比赛。廖承志听后，紧紧握住刁文元的手说："那你是走在世界冠军前面的人。"

宴会结束后，大家来到门口合影。工作人员在台阶前摆放了一排沙发椅子，周总理突然说："每次合影都是我们坐，你们站着，这次调换一下。"可谁也不肯去坐，最后还是陈毅外长打破僵局，说："总理，我看都站着照如何？"总理笑着说："那就听陈老总的吧！"于是，大家站着照了合影。刁文元一直珍藏着这张照片。

精神原子弹

中国乒乓球男队在第28届世乒赛上大获全胜归来后，受到热烈欢迎，经常有省、市队及各单位的乒乓球爱好者来取经，一些观摩交流活动也多了起来。机缘巧合下，刁文元认识了第一代地球物理学家黄大年的儿子黄克平。二人年龄相近、志趣相投，加上对乒乓球的共同热爱，渐渐熟络起来，并成为好朋友。

一个周末，刁文元和队友张燮林一起应邀去黄克平家里吃饭。吃完饭，黄克平的父亲说："钱三强同志和夫人听说国家乒乓球队的同志来我们家了，想见见你们。你们可以去他家吗？"刁文元当时并不知道著名核物理学家钱三强就住在朋友家对门，听说科学家想见自己，感觉很荣幸、很激动。在黄克平父亲的带领下，刁文元和张燮林来到"中国原子弹之父"钱三强家。钱三强及夫人非常热情地接待了他们。

一阵寒暄之后，钱三强说："中国要强大，除了物质还要有精神，你们乒乓球队在第28届世乒赛上取得了很大成绩，代表了国家，展示了中国精神，从某种意义上说，你们是精神原子弹。"钱三强的话给了刁文元莫大的激励，也使他明白在任何一个领域都可以为国争光！

十年陪练成主力

1966年"文革"开始，乒乓球队的训练停止，比赛取消……1967年与1969年的第29、30届世乒赛中国队都没有参加。在长期陪练中，刁文元逐渐形成了自己的一套打法，他的弧圈球技术全面独特，表现为旋转强、速度快，并带侧旋，另外他发球转、角度刁，反手还能进攻。"文革"开始的几年，没有正规训练，反而让刁文元有了更多时间去琢磨、去研究，进一步提高了技战术水平。

1971年3月，第31届世界乒乓球锦标赛即将在日本举办。当时国内对派不派团参赛持两种意见：一种是受"左"的思潮影响，认为国际乒联是"帝修反"大杂烩，我们社会主义国家不能参加，并列举朝鲜就没有报名。另一种意见认为，国际乒联有一定影响力，参加比赛有利于交朋友，有利于宣传我国的外交政策。最终周总理亲自起草了一份报告请示毛主席。毛主席在报告上批示

"照办"①。当时面临的问题很多，比如我国与日本没有建交，那里的反华势力比较嚣张，等等。这一年，刁文元第一次作为代表团成员，随团征战日本。时隔5年，中国乒乓球代表团再次参加国际大赛，获得男团、女单、女双、混双四项冠军。正是这次比赛，拉开了"乒乓外交"和"小球转动大球"的序幕。比赛一结束，美国队就被邀访华，为中美建交架起了桥梁。

1972年6月9日至30日，我国举行了"文革"以来的第一次全国性赛事——全国五项球类运动会（篮球、排球、足球、乒乓球、羽毛球）。此时，年已三十、此前不太为人所知的刁文元凭借技术功底深厚、打法多变和顽强意志，一举夺得男子单打冠军，并与队友李景光合作，夺得男子双打冠军。刁文元大龄夺冠，一时传为佳话。比赛刚结束不久，时任国家体委主任的王猛向周总理汇报比赛情况，当汇报到刁文元一人拿到乒乓球男子单打和双打冠军时，周总理说乒乓球队又出了个新生力量。王猛主任说，他今年已经30岁了。周总理笑答，那是"老刁"了。此后，国家乒乓球队对创造了大龄夺冠纪录的刁文元都昵称"老刁"。在首都体育馆，周恩来等中央

① 徐寅生:《我的乒乓生涯》,深圳报业集团出版社2021年版,第329页。

领导与乒乓球、羽毛球单项冠亚军获得者一一握手并一起合影留念。刁文元十分珍惜这张照片，至今还把它挂在书房里。1973年，刁文元又一次获得全国乒乓球锦标赛亚军。一系列的优异成绩让刁文元苦尽甘来，终于成为国家队主力队员，入选第32届世界乒乓球锦标赛男子团体阵容。

1973年春，第32届世界乒乓球锦标赛在南斯拉夫萨拉热窝举行。中国乒乓球代表团共51人，由团长李梦华带队出征。出发前一周，周恩来总理、朱德元帅、叶剑英元帅等中央领导接见了代表团全体成员。

在见面会上，周总理一一询问代表团的行程、生活、医疗等各方面的情况。当他听到代表团里只有一名男大夫时，关切地问："那么多的女运动员，为什么不多派一名女大夫呢？"接见结束后不久，国家体委接到总理办公室的电话，说周总理已特地从卫生部派往非洲的医疗队里抽出一名女大夫支援乒乓球代表团，当天即来体委报到。[1]她就是北京友谊医院的内科医生张恩德。消息传到乒乓球队，大家深为感动。女队员们更是感激周总理对她们的关爱。

---

① 徐寅生：《我的乒乓生涯》，深圳报业集团出版社2021年版，第408页。

力挽狂澜

1973年4月5日，第32届世界乒乓球锦标赛在南斯拉夫萨拉热窝开幕。中国乒乓球代表团男队员有李景光、梁戈亮、刁文元、许绍发、郗恩庭、于贻泽、李富荣（兼教练）、张燮林（兼教练），女队员有郑敏之、郑怀颖、胡玉兰、张立、李莉等。

历届世界大赛的团体赛人选总要经过反复斟酌、比较，甚至争论才能确定下来。这次同样如此。最后确定的男子团体五员战将是李景光、梁戈亮、刁文元、许绍发、郗恩庭。初次加入团体阵容的刁文元是男队教练徐寅生力排众议启用的。徐寅生认为，刁文元是直拍打法，以弧圈球作为主要进攻手段，特长突出，杀伤力强，发球好，有胜算。

本届世乒赛国际乒联制定了新规则，将淘汰制改成第一阶段分组循环制，并且要把第一阶段的成绩带入第二阶段决赛。因此，每一场比赛都同等重要，出场的人选更要慎重研究决定。第一阶段分组循环赛，中国队与瑞典、匈牙利、韩国、奥地利、印度、印尼等队分在A组，苏联队与南斯拉夫、日本、法国、联邦德国、捷克斯洛伐克、英格兰等队分在B组。各组的前两名进入第二阶段决赛。第一阶段分组赛前四轮中国队顺利过关，第五轮对阵瑞典队。

中瑞之战前，代表团的领导和教练员们商议上场名单，李景光、许绍发很快被确定下来，关于第三个人选却出现了不同意见。一种意见是出刁文元，理由是他对本格森虽处下风，但与约翰逊有一拼，胜负很难预料，至于对三号人物维克斯特伦应该能稳拿下。另一种意见是出梁戈亮，理由是他胜过本格森，对约翰逊虽然处于被动，但对维克斯特伦赢面较大。讨论的最后结果是上梁戈亮。刁文元服从组织安排，耐心等待。中瑞之战打满了9盘，李景光和许绍发正常发挥，各得2分丢1分，梁戈亮却出人意料丢了3分，最终中国队以4∶5败北。

第六轮，对阵匈牙利队，刁文元、许绍发、郗恩庭出阵。这是最关键的一轮，胜者进入前四名，负者即进入第五至八名。在这场争夺决赛权的关键比赛中，许绍发先后击败约尼尔和克兰帕尔，为中国队拿到2分。郗恩庭负两场。比赛中刁文元抢在对手的前面拉弧圈球，占了上风，他顽强沉着，多次在紧要时刻取得胜利，一人为中国队拿了3分。中国队以5：2结束复赛阶段的最后一场比赛，以A组第二名的身份进入前四名决赛阶段。

中国队决赛阶段最后一场对阵B组第一名日本队。李景光、刁文元、许绍发迎战长谷川信彦、高岛则夫、田阪登纪夫。这一场又是足足打满9盘，每盘都打满3局。经过近6小时的激战，中国队以5：4险胜日本队，中国队看到了一线生机。

决赛阶段第二场，复赛阶段先后战胜了法国、南斯拉夫、捷克斯洛伐克、英格兰等队的苏联队再爆冷门，以5：4力克A组第一名瑞典队。

决赛阶段第一场是中苏大战。把一场乒乓球比赛比喻成战争，有史以来恐怕仅此一次。

根据周总理凌晨电话指示，为及时将中苏比赛情况反馈给北京，驻南斯拉夫大使馆工作人员把电传机搬到了比赛现场，由原先的每盘一报改为每局一报，每局打完，这局的比分和运动员状况三分钟之内就传到了中南海西花厅和菊香书屋……

还是李景光、刁文元、许绍发三人出马，事实上此时已无人可换。由于思想负担太重，未能及时适应场上的紧张气氛，首盘许绍发0：2负于萨尔霍扬，第二盘李景光0∶2不敌斯特罗卡托夫，中国队大比分0∶2落后。第三盘，刁文元在许绍发和李景光双双失利的情况下，背负着大比分0∶2落后的压力上场对阵苏联队一号主力戈莫兹科夫。人生能有几回搏，"老刁"将压力变成了动力，以勇于拼搏、敢于胜利的大无畏精神2∶1险胜戈莫兹科夫，为中国队止住了颓势，扭转了战局。接着，李景光又以0∶2负于萨尔霍杨，好在许绍发以2∶0胜戈莫兹科夫，扳回一局，大比分变成2∶3。第六盘，在比分依然落后的情况下，刁文元再次上场，将在第二盘战胜李景光的斯特罗卡托夫挑下马来（比分为2∶1），一举挫掉其赢了李景光后的嚣张气焰，使大比分变成3∶3，为许绍发最后将其战胜铺平了道路（比分为2∶0）。

经过5个多小时的奋战，中国队的三位小伙子顶住了巨大压力，克服了从未有过的紧张，突破了苏联队教练赛前吹嘘的所谓"固若金汤的伏尔加河防线"，以5∶4取得了最后胜利！队员们紧紧相拥，喜极而泣。

决赛阶段最后一场，瑞典队对日本队，最终日本队败于瑞典队。瑞典队二胜一负，与中国队积分相同，但因他们在复赛阶段曾战胜过中国队，故名列第一，中国队屈居第二。

由于特殊的赛制，尽管决赛中刁文元和队友许绍发、李景光先后以5∶4战胜了日本队和苏联队，但终因前面负于瑞典队而与世界冠军失之交臂。虽遗憾万分，但刁文元无疑是本届世乒赛中国队的功臣，无冕之王。

这一年，刁文元世界排名达到第四名，排在所有中国选手的前面！

在那个年代，乒乓球运动在中国乃至世界范围内，还没有达到很高的普及程度。加之特定的历史环境，刁文元这一代乒乓球运动员，虽然也是乒乓球赛场上的英雄，

国际乒联公布世界优秀运动员名次

【路透社伦敦一月三十日电】国际乒乓球联合会今天公布的世界优秀乒乓球运动员名次如下：

男　子
1，本格森（瑞典）
2，长谷川信彦（日本）
3，约尼尔（匈牙利）
4，刁文元（中国）
5，约翰森（瑞典）
6，田阪登纪夫（日本）
7，于贻泽（中国）
8，李景光（中国）
9，河野满（日本）
10，许绍发（中国）
11，斯蒂潘契奇（南斯拉夫）
12，郗恩庭（中国）
13，绍勒尔（西德）
14，伊藤繁雄（日本）
15，舒尔贝克（南斯拉夫）
16，朴信一（朝鲜）
17，塞克蒂埃（法国）
18，奥洛夫斯基（捷克）
22，科尔帕（南斯拉夫）
23，卡拉卡舍维奇（南斯拉夫）
24，高岛则夫（日本）
25，利克（西德）
26，井上哲夫（日本）
27，尼尔（英格兰）
28，金昌虎（朝鲜）
29，崔生奎（朝鲜）
30，图拉伊（捷克）

女　子
1，林慧卿（中国）
2，郑敏之（中国）
3，李莉（中国）
4，胡玉兰（中国）
5，大关行江（日本）
6，李艾利萨
7，葛什喏（匈牙利）
8，滨田美穗（日本）
9，仇宝琴（中国）
10，鲁德诺娃（苏联）
11，沃斯托娃（捷克）
12，乌戈斯（匈牙利）
16，小和田敏子（日本）
17，绍勒尔（西德）
18，车京美（朝鲜）
19，郑怀颖（中国）
20，横田幸子（日本）
21，朴米拉
22，西蒙（西德）
23，福野美惠子（日本）
24，拉德伯格（瑞典）
25，哈默尔斯雷（英格兰）
26，波拉科娃（捷克）
27，高濑良子（日本）
28，费多罗娃（苏联）
29，枝野富枝（日本）
30，郑贤淑

1973年1月30日《参考消息》刊载国际乒联公布的世界优秀运动员名次

但是他们所展现的英雄气概，带有某种悲壮的色彩。当乒乓球运动进入奥运会，一批又一批优秀的乒乓球运动员站在世界赛场的领奖台上，作为新的时代英雄，他们获得了更多的鲜花和掌声。历史不能割裂，回首过往，我们不能忘记老一代乒乓球国手的努力和奉献，不能忘记他们为国球运动走出中国、冲向世界，保持长盛不衰的势头所作出的令人尊敬的贡献。

参加第三届全运会

运动寿命对于一个职业运动员来说至关重要，但是它和人的寿命一样有长有短。无论什么原因，结束运动生涯的时候都是运动员最痛苦的时候。不管你是公开举行一个仪式，还是默默地消失在观众的视野，内心的痛苦都差不多。由于当时所处环境，刁文元属于后一种。

1975年的第三届全运会是刁文元职业生涯参加的最后一次大赛。当时，刁文元已33岁，作为运动员已属高龄。9月12日，第三届全运会在北京开幕，包括台湾地区在内的31个代表队共12497名运动员参加，比赛项目成年组设28项，少年组设8项，另有6个表演项目。

刁文元是安徽省乒乓球队的主力，参加了团体、单打、男双、混双四项比赛，且团体赛每场必上。由于年龄原因，加上上场次数多，体能严重超负荷，右肩关节肌腱拉伤。刁文元一直忍着疼痛坚持上场，在单打比赛中一路过关斩将，挺进前八强。就在四强争夺赛开始前一个多小时的时候，刁文元的大臂痛到无法上抬。他这次的对手是河南队黄亮——世乒赛团体冠军主力之一，双打世界冠军，中国第一削球手。队医检查后担心地说："两条路，一是弃权，二是打封闭（麻醉）继续比赛。但是打封闭可能会对肩关节造成损伤，日后不能再用力。"刁文元当即决定打封闭继续比赛，他认为：第一，打封闭对生命没有威胁；第二，全运会时隔十年才举办，争前四强的机会千载难逢，且这是自己最后一次参加全运会，不能留遗憾；第三，独臂将军多的是，况且不至于会截臂。赛前五分钟，队医给刁文元肩关节两个疼痛点打了封闭，刁文元信心十足地上了场。对付长胶削球打法，无论是对内还是对外，刁文元几乎没有输过。最终，刁文元以3：1战胜黄亮，闯进四强。比赛过程中由于思想高度集中，忽略了疼痛。比赛一结束，肩关节又开始疼痛，但这对于刁文元来说，已经是一种没有痛苦的疼痛，因为他又一次战胜了自己。半决赛，刁文元还是打两针封闭后上场，对阵郭跃华。由于中间休息时疼痛难忍分散了精力，刁文元以 1∶3 惜败，最终获男子单打第三名。刁文元很庆幸自己在挂拍前能够勇敢一搏，终生不悔。

三进国家队，刁文元用他的坚毅、坚持、坚定，成就了人生中最浓墨重彩的一笔；十数年如一日，刁文元勤勉、刻苦、奋进，终从陪练成主力。乒乓球给了他快乐与荣誉，酸甜苦辣都是福！

1975 年，国家队队员在菲律宾合影（左起依次为苗燕玲、姚秋敏、刁文元、韩式毅、仇宝琴、杨俊）

执教铁道兵乒乓球队

20世纪70年代，中国体育事业随着国家的不断强盛而得以迅速发展和广泛普及。党和政府重视体育工作，把增强人民的体质，提高全民族的健康水平作为社会主义体育事业的首要任务。

与安徽省体委擦肩而过

刁文元于1976年退役。在他退役前不久，时任安徽省委书记打电话给国家队，想让刁文元回安徽工作。一开始，刁文元有些犹豫。因为自从他第三次进国家队至今已过去了十几年，他已在北京成家立业；再说那个年代能生活在北京，是许多人梦寐以求的事情。国家体委赵希武司长找到刁文元说："你在国家队不是最拔尖的，与其退役后在北京当个工人，不如回故乡，继续做安徽体育界的领头羊，助力故乡发展体育事业。"刁文元听领导这么一说，觉得很有道理，于是就答应了。

回到安徽的第二天，刁文元接到通知去省委办公室，书记见到刁文元非常高兴。书记说："刁文元同志啊，你在国家队，为国家立了功，为国家的乒乓球事业作了贡献。你即将退役，安徽欢迎你回来，安徽很需要你。我请你回来不是让你干教练，也不是让你干领队，而是推荐你当安徽省体委的领导。"刁文元很惊讶，回道："报告书记，我只会打球，不会当领导。"书记说："我以前是打仗的，在部队，我也没当过领导，现在我做安徽省委书记做得不也挺好嘛！人要不断学习，边工作边学习！干就行！"刁文元从心里感谢领导对他的信任，但他也有后顾之忧，长期与爱人、孩子分居两地也不是办法。书记也许看出了刁文元有顾虑，于是问道："有啥困难吗？"刁文元索性直截了当地说道："我现在回来了，但是我的爱人、孩子还在北京。我的爱人现在是北京一家工厂的工人。"书记立马许诺："你可以让你爱人也回安徽来工作。"刁文元很是感激，他很快给爱人去了电话，但因种种原因，刁文元的爱人不想回来。就这样，接刁文元爱人回来的事就先搁置了。接下来，安徽省体委给刁文元安排了住处，刁文元一人先在合肥安定了下来。

安定下来后，刁文元开始投入工作。安徽省委即将安排刁文元担任安徽省体委副主任，于是让他到芜湖市、滁州市等地考察地方体育运动开展情况，思考今后如何发展安徽体育事业。之后因种种原因，刁文元的工作安排中断了。

教练生涯的开始

退役对一个与球为伴、视球如命20余年，同时又极具乒乓球运动天赋的运动员来说，仿佛突然间失去了生活的方向，一直指引他拼搏向前的光熄灭了。退役后，刁文元在安徽省体委工作的事情也没了下文。就在这个当口，中国人民解放军铁道兵体工队打来了电话，邀请刁文元到他们的乒乓球队执教。这是一次能让刁文元再次拿起球拍续航梦想的机会，他当然倍加珍惜，毫不犹豫地接受了这个工作。

到部队工作，要进行家庭背景调查，办理调动、入伍等各种手续，但这些都因为内心的喜悦变得轻松起来。刁文元按照部队的管理规定快速办理好了调动、入伍等手续，正式担任铁道兵乒乓球队男队主教练。刁文元享受正团级待遇，每个月工资88元，这可把他高兴坏了。据刁文元回忆，当时的世界冠军庄则栋的工资是70元/月，世界亚军李富荣62元/月，作为陪练的队员49.5元/月，而他拿到了88元/月的工资，心想退役后养家糊口的压力没了。

得到如此高的待遇，刁文元开心之余也感受到了压力，他想着要让自己快速进入角色才行。进入铁道兵体工队后，他先是仔细观察每个队员的打法、实际水平、短板等，然后因人而异、因材施教地为每个人制订了严格的训练计划，细化到每个步伐移动的速度和幅度。刁文元在球场上是一个严格、不留情面的教练，他制定的训练标准，要求队员们必须达到甚至超越，即使队员们有一些小的违规违纪行为，也要受到惩罚。就在这种近乎魔鬼式的训练下，铁道兵乒乓球队的水平很快就有了很大的提高。

1979年5月，刁文元带领铁道兵乒乓球队到乌鲁木齐参加第四届全军运动会①，夺得乒乓球团体冠军。当时全军有近20个代表队参加比赛，参赛选手水平都很高，竞争激烈，夺冠非常不容易。刁文元也因此荣立三等功。

———————

① 当时刁文元已被借调在意大利执教，为备战第四届全军运动会，刁文元应召临时回国带球员训练，并带队参加比赛。

自从小时候接触乒乓球起，刁文元身上就有一股勇往直前的冲劲，这股冲劲让他一路过关斩将，站在了世界乒乓球比赛场上。如今，他的角色发生了转变，成了一名乒乓球教练，但他身上的那股冲劲犹在。他灵活应变，积极转换思维，凭着自己对乒乓球的理解和领悟，对每一位队员因材施教，不偏袒不忽视，了解每一位队员的优缺点，和每一位队员像朋友一样交流，突出和强化每一位队员的优势，最终带领铁道兵乒乓球队获得了全军冠军。事实证明，刁文元不仅可以做一名好球员，更可以做一名好教练。

得意门生李隼

　　在此，不得不说一说刁文元的得意弟子——李隼。

　　1977年，叶佩琼奉命去科威特援外，在出国前，叶佩琼将自己的儿子——13岁的李隼，送进了铁道兵乒乓球队，于是李隼成了一名铁道兵乒乓球队运动员。此时，刁文元正在铁道兵乒乓球队执教。李隼在教练刁文元的指导下，加上自己的天赋和刻苦，进步很快。在1979年第四届全军运动会上，李隼击败了当时的全国冠军李羽翔和亚洲青年冠军李鹏，在团体赛中和施之皓等队友配合，获得了团体冠军，李隼也因此立了功，提了干。后来，李隼相继去了中国人民解放军八一体工队、北京市西城区体委、北京乒乓球队、国家乒乓球队，在担任北京乒乓球队和国家乒乓球队教练期间，培养了很多著名的运动员，成为国家队的"金牌教练"。

李隼曾说："刁指导是我的开门师父。当时我想进专业队被拒之门外时，是刁指导收留了我，教我打球，教我为人处世。没有刁指导当年收我进队打球，就没有我

2012年10月，刁文元与李隼在江苏张家港合影

的今天。"仅从此话可见李隼的尊师之心和不忘感恩的良好品德。李隼出生在体育世家，他的母亲是新中国第一代乒乓球运动员，他的父亲曾是一名体操运动员。李隼子承母业，在练习乒乓球上有先天优势；他执着于乒乓球事业，并善于摸索，善于坚持。良好的品德、先天的优势、后天的执着，这些也许正是刁文元教练看重李隼的地方。

李隼也没有辜负师父的期望，从25岁开始执教，亲手带出了王楠、张怡宁、李晓霞等女乒名将，成就辉煌。

特殊的缘分

在铁道兵乒乓球队执教期间，刁文元有幸认识了时任中国人民解放军铁道兵副司令员、中国人民解放军军事科学院副院长郭维城和开国中将郭化若。

刁文元与郭维城相识时，郭维城已60多岁。据刁文元回忆，虽然当时郭维城已60多岁，但他依然力大无穷，不愧曾是杨虎城的副官。有一次，刁文元切实体会到了郭维城的厉害。当时在铁道兵体工队宿舍，郭维城与刁文元聊得正起劲，刁文元一时兴起问郭维城："听说您曾是杨虎城的副官，那肯定会点功夫吧？"话刚说完，郭维城把刁文元反手一扳，刁文元还没反应过来，就被拖到了宿舍门口。刁文元立马败下阵来，连声说："厉害，厉害！"

刁文元与郭化若将军相识实属偶然。一次，安徽省乒乓球队到部队表演，时任南京军区副司令员郭化若将军观看了安徽省乒乓球队的表演，认为安徽省乒乓球队技术不错，就问安徽省乒乓球队出来的运动员还有谁，因此刁文元认识了郭化若将军。当时，刁文元住在国家体委宿舍，郭化若将军也住在北京，他有时会到刁文元的宿舍聊天，最喜欢聊的是战术。据刁文元介绍，郭化若将军对军事理论和科研很痴迷，写了很多这方面的文章，还送了一本《孙子兵法》给刁文元。

有一次，郭化若将军到刁文元家聊天，两人一聊聊了两个小时。在聊天中，刁文元听郭化若将军谈起，他是黄埔四期的第一名，后来到延安当了毛主席的秘书，并且坚决要求上前线。刁文元曾谈道，他非常敬佩郭化若将军，他是为新中国的建立赴汤蹈火的英雄，是中国共产党优秀党员。他也非常怀念郭化若将军，可惜郭将军送给他的签名书和字，在多次搬家中丢失了。郭化若将军非常重情义，对刁文元的家人也很照顾。因此，刁文元对郭化若将军除了敬仰之情外，又多了一份感激。

刁文元很珍惜这段特殊的缘分，更是把它埋在了心底，永远不会忘记。

执教意大利

20世纪70年代，中国外交战线需要选一批乒乓球教练员到国外执教。刁文元这时的工作关系在铁道兵体工队，但是由于国家需要，还是被选中，作为援外教练借调去意大利乒协任总教练。1978年夏，刁文元肩负祖国的重托来到意大利，从此开启了中国和意大利乒乓球交往的一段佳话。

亚平宁半岛的中国教练

刁文元是中国最早公派的乒乓球教练员之一，意大利也是第一次请外教，因此，这一事迹载入了意大利乒乓球史。刁文元在意大利国家队共执教三年多。

因语言不通，国家特从北京外国语学院选配专职意大利语老师黄启高与刁文元同行，意大利方负责二人的食宿及每年往返的机票。到罗马的第二天，刁文元、黄启高即与意大利乒协秘书长斯图雷塞（Stullese）进行会谈，

1979年，刁文元在意大利奥林匹克训练中心指导青少年队训练

很是顺利。意大利乒协把他们安排在罗马奥运村国家运动队训练基地，每人一个房间，三餐在运动员食堂吃，每月薪资100万里拉，约合人民币5000元，并报中国驻意大利大使馆和国内相关部门同意。刁文元作为援外专家，按国务院当时的规定，援外专家可以拿双工资，即除了国外的工资，国内的工资也照发。享受到如此待遇，刁文元感到非常知足，他觉得像做梦一般，平时吃饭不用花钱，衣服由队里发，当初不顾家人反对的执着有了回报，曾经为一心打球不惜忤逆家人意愿的小子，如今可

以凭一己之力让家人过上比较富足的生活了，更重要的是，他终于能用自己的特长为国家作出贡献。有了这个念头，刁文元感觉浑身充满了干劲，他决心大干一番。

刷新意大利乒乓球纪录

当时，意大利比较流行且成绩较好的运动项目有足球、滑雪、篮球等，而乒乓球只被视作日常锻炼身体的普通运动项目。刁文元来到意大利后发现，意大利乒协的队员都是业余的，他们分布在全国各地，只能在学习、工作之余训练，如果遇到世界比赛、欧洲比赛等，乒协会集训三到七天。但是这些队员要么是学生，要么是工作人员，去乒协参加集训需要乒协或奥委会出面向队员所在学校或工作单位请假并拨款给他们，这样学校或工作单位才会允许队员去乒协参加集训。而且意大利没有体育局，奥委会和各协会主席都是兼职的，只有奥委会秘书长是专职的。面对这样的实际情况，刁文元感受到了带队的压力。

乒乓球运动是一项以技术为主导的运动。意大利乒乓球运动员的业余性质决定了他们没有专业运动员那么充足的训练时间。刁文元经过一番思考和斟酌，因时因地为意大利乒协的运动员们制订了两套训练计划：一套是队员们在学习、工作之余自己自觉训练的计划，重在基本功和体能训练，逐步提高速度、力量、耐力和灵敏度；一套是大赛来临之际集训时期的训练计划，重在技巧点拨、赛场经验传授、模拟式训练和心理辅导。计划制订后，刁文元要求队员们必须不折不扣地完成，并定期检验队员们的训练成果。

1979年4月，刁文元带领意大利乒乓球队到平壤参加第35届世界乒乓球锦标赛。在这之前，为了在短时间内快速提高成绩，刁文元特意联系了北京乒乓球队，安排意大利乒乓球队提前到北京集训。经过此次紧锣密鼓的高质量集训，意大利乒乓球队的技战术水平得到了极大的提升。

经过刁文元的精心指导和队员们的刻苦训练，在第35届世乒赛中，意大利乒乓球队男子团体第一次进入甲级行列（男团前16强），女子团体第一次进入乙级行列（女团前32强），这是意大利乒乓球队有史以来取得的最好成绩。在当时，这是中国教练员在国外取得的相当好的成绩。回到意大利后，刁文元得到了丰厚的奖励，奖品

第35届世乒赛前，意大利乒乓球队来中国北京集训，于意大利驻中国大使馆合影（前排右一为刁文元；第二排左一为意大利乒乓球队教练玛尼，左六为意大利乒协前主席，左七为意大利驻华大使，左八为意大利乒协秘书长斯图雷塞）

是一辆他梦寐以求的摩托车。刁文元骑着崭新的摩托车在罗马的大街上兜风，心中是满满的成就感和自豪感，他终于不辱使命，为意大利乒乓球队拼得成绩的同时也为祖国赢得了荣誉。

更值得一提的是，1980年，在瑞士日内瓦举行的欧洲乒乓球锦标赛中，意大利运动员Massimo Costantini（马西姆·康斯坦丁尼）在单打比赛中淘汰了来自匈牙利的单打世界冠军约尼尔（欧洲乒乓球锦标赛一号种子选手），轰动欧洲，开创了意大利乒乓球运动员战胜世界冠军的先河。意大利媒体对此作了长篇报道，新闻报道中特地提到康斯坦丁尼的教练是中国人刁文元，这在意大利引起较大反响。西班牙国家队专门派华侨来找刁文元，希望他到西班牙任教。面对西班牙的热情邀请和优厚待遇，刁文元没有应允，因为他知道自己是代表中国来援助意大利的，他必须服从国家的安排，完成祖国交付的传播乒乓球文化的使命，同时他也是一名中国共产党党员，遵守组织纪律是首要的。

经过意大利媒体的报道，更多的意大利乒乓球爱好者找刁文元学习乒乓球技术，甚至有些家长还把生活习惯不好的孩子送到刁文元这里来学习乒乓球，以此磨炼孩子的意志，改掉孩子不良的生活习惯。其中有一位存在不良嗜好的孩子，一下课，他的父母就把他送到刁文元这里训练，严格管控他的生活作息。经过一段时间的坚持，孩子的父母欣喜地看到了孩子的变化，看到了希望，于是，他们决定让孩子坚持练下去……

意大利弟子

在意大利执教期间，刁文元的球技和因人制宜的训练方法让弟子们信服，这使他和一些弟子结下了深厚的友谊，在一定程度上也缓解了他在异国他乡的漂泊感和思乡之苦。这也是刁文元时常和身边人津津乐道的事情。

Stefano Bossi（斯坦伐诺·博西）就是刁文元在意大利最得意的洋弟子之一。Stefano Bossi 曾经连续八年获得意大利全国冠军，后来担任了欧洲乒联主席、国际乒联副主席。看到自己培养出来的乒乓球运动员发展得如此好，刁文元甚是欣慰，由衷地为他高兴。在刁文元眼里，Stefano Bossi 是一位非常有天赋的乒乓球运动员，他也为遇到这样优秀的运动员感到高兴。

还有一位叫 Livio Gillinni（里乌右·吉琳尼）的弟子，曾经有些懒散，在刁文元的勉励鞭策和他自己的强大意志支配下，他战胜了自己，并且在意大利的乒乓球比赛中得过很好的名次，位列全国前 16 名，他很感激刁老师。很多年以后，刁文元回国到安徽师范大学任教，Livio Gillinni 还专门赶到中国看望自己的乒乓球老师。来中国之前，Livio Gillinni 详细询问了刁老师现在的住址，刁老师说在芜湖。Livio Gillinni 说地图上找不到芜湖的具体位置。刁老师告诉他，可以先到南京，芜湖离南京约100公里。Livio Gillinni 听从刁老师的建议，先是坐飞机到南京，然后辗转到芜湖。到芜湖后，刁老师陪他切磋球技的同时，还特意带他欣赏了中国江南的美景，并邀请他品尝了芜湖的地方美食——虾子面、小笼汤包、小馄饨等。Livio Gillinni 非常感谢刁老师的盛情款待，并表示以后有机会还会来看望刁老师。至今，他已来过芜湖三次。跨越欧亚大陆来看恩师，这是一份何等珍贵的师生情，这也正是刁文元个人魅力和过人的乒乓球技术的见证。

何人不起故园情

身在意大利做乒乓球教练的刁文元，不负国家使命，为乒乓球文化传播竭心尽力，但面对异国他乡陌生的一切，再坚强的意志也抵抗不了对亲人和故乡的思念，这份思念既触及内心最柔软的部分，又能给人带来奋发向前的力量。

1962年，刁文元在安徽省体工队认识了同样爱好运动的女篮队员甘名霞。甘名霞1944年出生于安徽当涂，身材高挑，性格爽朗。一来二往，二人因为同样的爱好变得熟络起来。经过一段时间的相处，二人最终确定了恋爱关系，并于1968年在北京结婚。婚礼简单朴素，但给刁文元留下了深刻的记忆，美好的初恋、队友的祝福、对未来婚姻生活的期待，都在心头荡漾。1969年，刁文元的大女儿出生。当时正值党的九大召开，为庆祝这充满纪念意义的日子，他为大女儿取名刁庆。1978年，刁文元在意大利任教时，小女儿在北京出生。刁文元心系妻儿，但身在异国身不由己，于是为小女儿取名刁意，意为自己虽远在意大利，但对国家的情意、对家人的情意永远如一。

因在异国他乡工作，小女儿出生那天刁文元没有陪在妻女身边，这成了他一生的一大憾事。意大利乒协曾作出决定，让刁文元的爱人和孩子都到意大利来，但是这个请求被大使馆否决了。后来，意大利乒协决定每三个月让刁文元回国一次，每次假期七天，并且每周可以到乒协打一次国际长途电话。大使馆得知后，认为这样的待遇太特殊了，影响不好，告诫刁文元要谦虚谨慎，不要骄傲自满。因为当时大使馆工作人员的待遇是，大使

刁文元与甘名霞合影

刁文元怀抱刁庆与北京工人乒乓球队队员合影

刁文元与甘名霞、小女儿合影

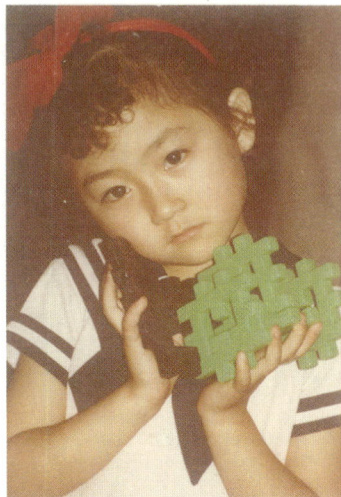

刁　意

可以每年回国一次，外交官可以每两年回国一次，服务
人员只能每三年回国一次。刁文元作为一个援外教练，
却可以每三个月回国一次，显得特殊了一些。但因为一
些家庭原因，刁文元需时常回国探望妻女。为此，国家
体委特意发文到大使馆加以说明：刁文元的小女儿出生
后身体不好，多次入院抢救，希望大使馆能同意刁文元
每三个月回国一次看望妻女的请求，由意方提供往返机
票。最终，大使馆考虑到刁文元的个人情况特殊，就同

意了他的请求。直到今天，刁文元回忆起此事，一直心存感激，他感激国家体委领导对他和他家庭的关怀与照料，特别感谢时任国家体委副主任、党组副书记徐寅生。刁文元在国家队训练时，教练徐寅生对刁文元就照顾有加，现在刁文元出国当教练了，徐寅生对弟子依然挂念在心，时常关心他。

后来，刁文元一家人移居意大利生活。因种种原因，1994年，刁文元与甘名霞分手了。

1996年，刁文元在合肥认识了陈建华。陈建华生于1963年，她身材苗条，知性大方，他们的性格正好互补。他们确定关系一年后在北京结婚。结婚后，陈建华随刁文元一起到国外生活，刁文元当教练，陈建华持家，一晃几年就过去了。虽夫妻同往，但终归是在异乡漂泊，面对陌生的城市、陌生的语言，随着时间的流逝，他们回国的愿望越加迫切起来。在做了一番慎重思量后，他们夫妻于2004年回国，定居芜湖。至今，刁文元在安徽师范大学继续从事自己喜欢的乒乓球教育事业，妻子依然负责持家，两人幸福地安享晚年生活。

2010年，刁文元与陈建华在第15届世界元老乒乓球锦标赛会场合影

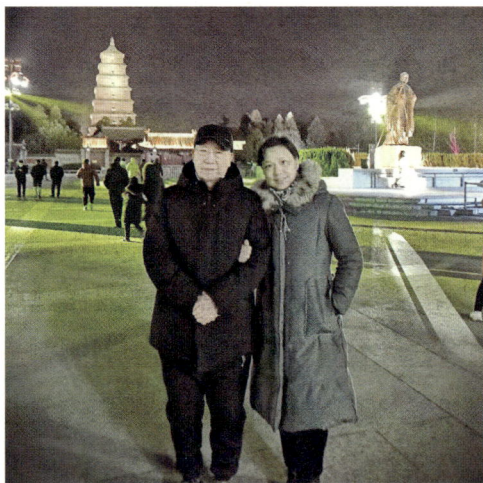

刁文元与陈建华在西安合影

回国途中趣闻

刁文元每次回国都要中转，有一次的回国旅途充满了戏剧性。因为护照原因，他需从曼谷中转去香港，到了曼谷，机场需刁文元出示去香港的签证，没签证就不能登机。刁文元没办法，只好找到中国驻泰国大使馆。大使馆得知他的情况后便亲自派人来接他，经过一番交谈，大使馆知道了他是乒乓球运动员，同意帮他办签证，但办理签证需要等待一个星期的时间。在这个不寻常的一周的闲暇时间里，刁文元不仅饱览了泰国风光，还经常指导大使馆工作人员练习乒乓球，旅游和练球一样都没落下。大使馆工作人员既欣赏刁文元的高超球技，又喜欢刁文元为人处世的豁达幽默，在刁文元离开大使馆转机回国的时候，大使馆工作人员对他还恋恋不舍，希望他还能有机会到曼谷来中转。

亚平宁的岁月终究是漂泊不定的。刁文元曾深情地回忆道，多少个闲下来的午后时光里，他会开着车，慢悠悠地行驶在意大利的乡间小路上，扬起头感受风掠过面颊的温柔，车载音响里放着的是黄梅戏或是花鼓戏，任由音乐慢慢流淌在空旷的田野，任由思绪漂洋过海。恍惚间，他感觉仿佛回到了阔别已久的家乡，看到了柔和夕阳笼罩下的群山，看到了倚山而建的簇簇村落，看到了悠闲地啃着草的三五头水牛，看到了稻海麦浪的挤挤挨挨，看到了家乡的袅袅炊烟……就是这山清水秀、朴实无华的故土的一切，却最能慰藉游子的心灵。这是刁文元特有的排遣乡愁的方式，但他只能将这份情愫埋藏心底，短暂的放松之后，他终究要回到现实，整装上阵，为了家人，为了家乡，更是为了祖国。很快，来意大利已经三年多了，虽然有瑞典、西班牙等国向刁文元发出执教邀请，并承诺给予更高的待遇，但刁文元还是选择了回国。刁文元说自己是带着援外的使命出国的，如今不辱使命，可以回家向祖国报到了。

"英语专家"

作为教练，刁文元严格要求自己，更严格要求每位队员，他时常告诫队员，要抓住平时训练生活中的每一个细节，球拍在手，不得有半点马虎。在私下里，刁文元又是一个说话风趣幽默、善于调节队员心理的朋友，他把教球育人放在首位，把和队员的沟通与信任放在重要的位置。就因为这对球不对人、豁达、幽默的性格，刁文元和队员既成了一起在球场上挥洒汗水的兄弟，也成了生活中无话不谈、相处愉快的朋友。一次美国之行中发生了一件有趣的事情，让刁文元又多了一个"英语专家"的称号。

有一次，刁文元带着意大利的几个队员参加在美国举办的一个世界元老乒乓球锦标赛，一行人到纽约机场以后，由于人生地不熟，其中一人走散了。在那个没有手机的年代，又是在陌生且语言不通的地方，想找到一个人的难度可想而知。于是，刁文元拿出自己的英语"家底"向别人叙述了他想找一个什么样的人，讲了半天，对方似乎懂了，带着他们去了一个机场仓库，指着一个蓝箱子说："你们是不是要找一个蓝箱子？这个蓝箱子是不是你们丢的？"顿时，另外几个同行的意大利队员大笑起来，说道："刁，你是怎么跟对方沟通的，我们要找一个穿蓝色衣服的人，结果你让人家找了一个蓝箱子出来！你的英语水平真'高'！"刁文元辩解道："肯定是这个美国人听错了！我说的是蓝色（blue），没错。"意大利队员笑着说："你的英语说得实在太'好'了，称得上'英语专家'！哈哈！"从此，刁文元经常会听到队员或朋友调侃道："英语专家"来了！"英语专家"太棒了，到纽约去把美国人都搞蒙了！

刁文元谈起此经历，还是会忍不住笑出声来，这是他和队员相处的轻松日常。球桌前教球育人，生活里幽默豁达，这也许就是他和队员建立起亦师亦友感情的奥秘吧。

执教北京队

　　20世纪80年代，我国国防建设和军队工作的指导思想发生了战略性转变：在服从国家经济建设大局的前提下，抓紧时间，有计划、有步骤地加强以现代化为中心的军队建设，对军队进行精简整编和体制改革。刁文元从意大利回国，又回到了铁道兵体工队。在国家"百万大裁军"政策背景下，铁道兵体工队的编制被取消，刁文元转业到地方工作。

　　1982年，在时任中国乒协主席徐寅生、副主席李富荣的推荐下和当时北京队总教练岑淮光的信任下，刁文元出任北京队男队主教练。当时北京队的成绩一直保持在全国前三名，人才济济，经常参加国内外重要赛事，斩获多项荣誉。总教练岑淮光，广东人，新中国第一批乒乓球国手之一，曾获1957年全锦赛男团冠军，1974年开始出任北京队总教练和男队主教练。北京队当时有一批优秀的运动员，男女队员有近50人编制，每周的训练时间都在 40 小时以上。

刁文元上任半年后，1982 年 9 月 10 日至 20 日，全国乒乓球锦标赛在重庆举行，来自全国 28 个省、自治区、直辖市和解放军共 30 个单位的 209 名运动员参加了比赛。团体赛只限 16 个甲级队参加，单项比赛乙级队派男、女各 1 名运动员参加比赛。前去参加比赛的运动员中，有第 36 届世乒赛的冠军，有近两年在国际国内举行的亚乒赛、国际公开赛及各种邀请赛中取得优异成绩的乒坛名将，其中包括郭跃华、蔡振华、谢赛克、曹燕华等，可谓群英荟萃。刁文元带领滕义、王燕生、杨玉华、陈振江、李卫民参赛，经过一场场惊心动魄的角逐，北京队在没有现役国家队成员的情况下，获得男团冠军。

1984 年，在杭州举行的全国乒乓球锦标赛中，刁文元带领队员滕义、王燕生、徐方、张雷、张广隆再次获得了男团冠军。

1982年,重庆全锦赛中北京队男队荣获团体冠军(左一为刁文元,左三为王燕生,左四为杨玉华,左五为滕义)

1984年，杭州全锦赛中北京队男队荣获团体冠军（左起依次为王燕生、徐方、张广隆、刁文元、滕义、张雷）

1983年，第五届全运会在上海举行，刁文元带领滕义、赵小云参赛。滕义和赵小云都还不是国家队成员，但最终两人获得了混双冠军的好成绩。

　　1984年，刁文元培养的优秀运动员王燕生等加入中国大学生乒乓球队。1984年9月，刁文元作为领队和教练，带领队员参加在波兰举行的第五届世界大学生乒乓球锦标赛。这是中国大学生乒乓球队第一次参加世界大学生乒乓球锦标赛，最终获得六项冠军，包括团体冠军的好成绩。

　　刁文元认为，以上成绩的获得，是队员们台下苦练、台上发挥淋漓尽致的必然结果。而乒乓球界认为，这是北京队教练工作的最好见证。

　　1983年，第37届世界乒乓球锦标赛在日本东京举行。由于此前刁文元带领北京队夺得全锦赛冠军，所以中国乒协计划让刁文元去观摩比赛。去世乒赛现场观摩比赛的机会非常难得，不仅可以欣赏酣畅淋漓的高手对决，还可以学习总结不同国家选手的优势、劣势，知己知彼，从而在具体的教练工作中扬长避短。但刁文元认为，作为北京队总教练的岑淮光更需要这个到国际赛事现场观摩比赛的机会，于是他把机会给了岑淮光。半年后，日本乒协邀请中国教练前去讲课，交流乒乓球技术。中国

刁文元怀抱第五届世界大学生乒乓球锦标赛团体冠军奖杯与队
员合影(前排为刁文元;后排左一为徐方,左二为王燕生,左三为
滕义)

刁文元指导王燕生等荣获第五届世界大学生乒乓球锦标赛团体冠军所获
表彰证书

乒协一方面考虑到刁文元有在国外任教的经历，另一方面充分认可刁文元的教练成绩，并希望他能弘扬中国乒乓精神，传播国球文化，于是派遣刁文元和郗恩庭前往日本，为日本的全国教练员学习班讲课一周。此次行程，再次展现了乒乓球文化可以跨越民族和国界，传播体育精神，增进世界各地人民之间的感情。

执教圣马力诺

全球化的历史进程促进了世界各国的文化交流。乒乓球文化作为中国体育文化的重要方面，承载着国家强盛、民族振兴的梦想，见证着中华民族的崛起与腾飞。刁文元一心想弘扬国球精神，为中国乒乓球文化的国际传播作出贡献，于是在圣马力诺乒协的邀请下，1986年，他再度出国，担任圣马力诺乒协总教练，这一去就是19年。

与圣马力诺结缘

圣马力诺是世界上面积较小的国家之一，位于欧洲南部，意大利半岛东部，整个国家被意大利包围，是一个国中国。当时这个国家只有2.3万人，面积为61.2平方公里。地形以中部的蒂塔诺山（海拔738米）为主体，东北部为平原，其间有圣马力诺河、马拉诺河等流经。通往蒂塔诺山的道路只有一条。圣马力诺属亚热带地中海式气候，年平均气温16 ℃，冬季最低气温–2 ℃，夏季最高气温 30 ℃，气候宜人，适合居住。圣马力诺的工商业主要有银行业、电子制造业和陶瓷制造业，旅游业发达，各项福利待遇高于意大利。圣马力诺的道路都是单向循环线，没有红绿灯。教育方面，小学每个班最多 16 人，早上八点上课，午餐免费，下午三点半放学。如果家长下午无法按时来接，学校可以安排学生做游戏或其他活动，其中就包括练习乒乓球，一直到下午五点半。

圣马力诺乒协给予了刁文元丰厚的待遇：免费提供住宿，孩子上学免费，刁文元及其妻子、孩子拥有在圣马力诺的永久居留权。后来，他的两个女儿都在那里入籍定居下来。刁文元的大女儿到圣马力诺后，一开始在饭店工作，后来考入大学，毕业后做了翻译。刁文元的小女儿上学的同时就跟在父亲后面学打乒乓球，代表圣马力诺队参加了多次世乒赛。但代表中国队打了多年球的刁文元是无论如何也不肯改换国籍，他的愿望是落叶归根。

刁文元曾多次谈道："一个人首先要爱国，爱国是一种蕴藏于心的真切情感，是心之所系、情之所归。是党和国家的培养，才让我有了今天的一切。"从刁文元的话语中可以看出，他将爱国看成了一种本分，一种责任。祖国需要时，毫不迟疑，奋勇当先，祖国需要就是最高需要。光环褪尽时，落叶归根，祖国给予的踏实感和归属感，足以让每一位游子奋不顾身。

谱写圣马力诺乒乓球历史新篇

刁文元到圣马力诺后，担任该国乒乓球队总教练。当时圣马力诺队只有12人，其中男队员7人，女队员5人，以青少年为主体。在全面分析了圣马力诺队队员的水平之后，刁文元针对每个队员擅长的打法和短板，分别为他们量身制订了训练计划，强化优势，狠补短板，强调规范化训练，一改他们以前松散的训练状态。短短两个月后，刁文元就看到队员们整体上都有了进步，无论是球技还是心理状态都有了改观。

一分耕耘一分收获，努力刻苦的训练有了成效。半年以后，圣马力诺队参加意大利全国青少年乒乓球锦标赛，获得了冠军，谱写了圣马力诺乒乓球历史新篇，圣马力诺上下一片欢腾。意大利那不勒斯队却提出抗议，那不勒斯队认为，这次比赛是意大利全国性的青少年乒乓球锦标赛，圣马力诺是一个国家，不能拿冠军，冠军应该属于那不勒斯队。圣马力诺奥委会拿出与意大利奥委会签订的协议，该协议规定，圣马力诺可以参加意大利全国性的比赛，因此，圣马力诺的名次得到认定。比赛结束后，圣马力诺奥委会给刁文元颁发了奖状，圣马力诺最高行政长官还亲自接见了刁文元。之后，刁文元又多次率圣马力诺队夺得意大利全国乒乓球比赛冠军和欧洲小国运动会①十枚金牌。

上阵父女兵

身为一位父亲，刁文元希望将自己对乒乓球的感悟传给女儿。虽然在父亲的耳濡目染下，刁意在乒乓球上的成绩高于业余选手，但在高手云集的中国乒乓球界，要想打出成绩恐怕机会不多，更不用说有机会参加大的赛事了。而在国外，乒乓球运动还处在起步阶段，打出成绩或参加国内、国际比赛的机会要多一些。我们猜测，这也许是一位父亲望女成凤的最朴素的想法了。

① 欧洲小国运动会，是欧洲小国体育协会（AASSE）组织的综合运动会。1985年开始，每两年举办一届。欧洲小国运动会规定，参赛国为人口不超过30万的欧洲国家，且必须是国际奥委会成员。安道尔、塞浦路斯、冰岛、列支敦士登、马耳他、卢森堡、摩纳哥和圣马力诺8个国家，自1985年起参赛。2009年7月1日，黑山共和国成为欧洲小国运动会新成员。

1995年，刁文元（左一）带领圣马力诺队参加天津第43届世乒赛（左三为刁意）

在圣马力诺执教期间，刁文元作为刁意的教练，带她多次参加圣马力诺和意大利举办的乒乓球比赛，曾获得圣马力诺的冠军和季军。他们父女参加了1995年在中国天津举行的世乒赛、1997年在英国曼彻斯特举行的世乒赛、2005年在中国上海举行的世乒赛等。

刁文元与刁意，是父女，亦是师徒，以这样的组合参加世乒赛，极为罕见。

1996年，圣马力诺队参加欧洲乒乓球锦标赛（右四为刁意）

2008年，刁文元与刁意参加广州第49届世乒赛

漂洋过海来练球

在意大利和圣马力诺任教期间的业余时间，刁文元收了一个酷爱乒乓球而且训练非常刻苦的洋弟子，他叫罗伯特·甘兹奥尼。罗伯特1981年生，20岁后的唯一爱好就是乒乓球，并在家中设置了很专业的乒乓球台。在意大利，刁文元会对罗伯特进行每周4次、每次90分钟的训练。罗伯特每次驱车120公里来训练，从来不厌其烦。

有一次训练课，他竟然换下了4件湿透了的球衣。功夫不负有心人，在几个月后的地区比赛中，他第一次获得冠军，后来又在圣马力诺国际邀请赛上获得金牌。从此，刁文元因人制宜的训练方法和战术手段令他深深折服。后来，刁文元回国，对罗伯特的训练从此中断。没有了刁文元的指导，罗伯特发现自己的球技很难再提高，但他不想放弃，还想有所突破，于是发生了后来的一件感人至深的事情——2010年12月14日，罗伯特不远万里到芜湖来寻求刁文元的指导。他在电话中既兴奋又认真地跟刁文元说："我将在芜湖训练20天，圣诞节、元旦在芜湖过。我是去训练的，不是去旅游的，虽然我是第一次去中国，但我不想去其他地方。过节期间也希望能保持每天5小时的训练量。"他对乒乓球的痴迷和漂洋过海拜师的行为深深打动了刁文元。为了保障20天出明显的训练效果，刁文元给他制订了严格的训练计划：（1）到达芜湖的当天下午、晚上分别训练两小时；（2）每天保证5个小时以上的训练时间；（3）不看景点，不旅游，不购物；（4）宿舍、食堂、训练场三点一线；（5）一次训练课争取汗湿4件球衣。在这20天中，以上训练计划罗伯特都一一做到了，从中不仅可以看出罗伯特对乒乓球的热爱，更能看出他对生活、对生命、对健康的热爱。国球文化已超越国界，让身处异国的乒乓球爱好者紧紧联系在一起；国球文化连天下，这是一种运动与技巧相结合的文化，是一种融合东西方文明并渗入百姓生活的文化，更是一种展现时代风采、展现奥运精神的文化。

训练中，刁文元用两次比赛来检验罗伯特的训练成果。一次是与合肥的乒乓球高手、乒乓球爱好者一起交流、切磋，大家打法各异，以球会友，互有收获，这是一次真正的快乐乒乓。还有一次是罗伯特在临走的前两天，参加了芜湖市举办的元旦乒乓球邀请赛。当时有32个队参加，出乎刁文元和所有人意料的是，罗伯特一场未输，他所在的团体夺得冠军。当时的芜湖市乒协主席程晓苏给罗伯特颁发了奖杯。程晓苏说："没想到刁老师的洋弟子打得这么好，进步这么快！"洋弟子的进步使刁老师感受到了沉甸甸的收获感和成就感。罗伯特也一直用意大利语说"高兴""幸福"，脸上笑开了花，心中充满了对刁老师的感激之情。

刁文元与罗伯特·甘兹奥尼在芜湖某乒乓球馆合影

圣马力诺队挺进世乒赛32强

2005 年，第48届世乒赛（单项）在上海举行，包揽全部 5 项冠军的中国队是最大赢家。长期以来活跃在世界各地的中国运动员即"海外兵团"同样是一道亮丽的风景线。据统计，此届世乒赛共有 50 名从中国大陆出去的运动员参赛。不夸张地说，走出去的中国运动员，使乒乓球运动成为世界最普及的运动项目之一，而这在某种程度上也是乒乓球得以进入奥运会大家庭的重要原因。

乒乓球运动是一项以技巧性为主、体能素质为辅的技能型项目，起源于英国。1981 年 10 月 1 日，国际奥委会在于联邦德国举行的会议上作出决定，把乒乓球列入奥运会比赛项目。乒乓球从 1988 年汉城奥运会开始成为正式比赛项目。

刁文元赴圣马力诺执教，不仅促进了圣马力诺国家乒乓球水平的提高，还经常把中国的一些球员引进该国。此届世乒赛上，圣马力诺的闫赤梅，原是安徽寿县的队员，在刁文元的指导下，打进前 32 名，这是她在安徽省队连想都不敢想的事。

当初，为了迎战第48届世乒赛，圣马力诺俱乐部想要增加一位女乒乓球运动员，代表圣马力诺参赛，并且给予一定的补助。于是刁文元回安徽挑人，当时报名的人非常多。经过一番挑选，刁文元选中了身世艰难、训练期间特别能吃苦的闫赤梅。刁文元将闫赤梅带到圣马力诺后，就为她量身制订了训练计划。闫赤梅丝毫不懈怠，不折不扣地完成刁文元下达的训练任务。经过两年的训练，闫赤梅进步很大，水平得到了提升，获得了圣马力诺的永久居住权。永久居住权不仅意味着她可以永久住在圣马力诺，而且意味着她可以代表圣马力诺参加世乒赛了。

　　2005年，闫赤梅代表圣马力诺参加第48届世乒赛。闫赤梅从小组预赛开始打，先是打进前128名，然后打进前64名，接着又打进32强，在争夺16强的时候输给了张怡宁。这是安徽女子队员唯一一次进入世乒赛的32强。圣马力诺的运动员出现在32强的名单中，也刷新了圣马力诺乒乓球的历史。在以往的世乒赛上，圣马力诺运动员在预选赛阶段就被早早淘汰，而闫赤梅却一路过关斩将杀进了女单第三轮。这位来自中国安徽的乒乓球运动员为这个欧洲小国的乒乓球历史写下了精彩的一笔。

"第一次在有中央电视台转播的大赛现场打球，对手又是世界排名第一的张怡宁，确实有点紧张。我能打出这么好的成绩，全要归功于我有一位好教练！"闫赤梅兴奋地告诉记者。

　　巧合的是，刁文元20多年前曾担任北京队男队主教练，今天指导张怡宁的中国队教练李隼就是由他领进乒乓球"大门"的。比赛结束后，李隼特意走到刁文元跟前热情地攀谈。

　　"大隼，第一，张怡宁的球确实棒！第二，你也是青出于蓝而胜于蓝啊！"刁文元高兴地拍着爱徒的肩膀，如今自己弟子带出的运动员已经登上了世界乒坛的最高领奖台，刁文元感到十分欣慰。

　　身为中国乒乓球"海外使团"中的一员，刁文元高兴地说："如今在圣马力诺参与乒乓球运动的人越来越多，曾经有不良习惯的孩子跟我学球，最后都成了好孩子。乒乓球运动广泛的参与性实在太迷人了！"

国球教授

青年时期，刁文元投身乒乓球运动，作为一名国球健将，为国争光，取得无数荣誉！退役之后，他成了一名乒乓球教练，培养了一批优秀的乒乓球运动员。现如今，乒乓球又让他成了一名光荣的大学教师，为国家培养大学生体育人才。从运动员到教练，再从教练到教师，刁文元实现了他人生中的又一次完美转身，他和乒乓球的故事仍在继续。

最有力的学历

在圣马力诺执教 19 年后，刁文元选择回国。他说，虽然自己的两个女儿都已定居国外，但他想回国，想为家乡的乒乓球事业出力，想为家乡做些事情。

2004 年，刁文元已 62 岁，对于常人来说，这是退休的年龄，而对于刁文元来说，他的教师生涯才刚刚开始。刁文元到安徽师范大学任教源于一个偶然的机会。2003

年夏，刁文元从欧洲回国度假，在合肥受到安徽师范大学体育学院教师丁俊生的邀请，到芜湖做一次讲座。安徽师范大学一直致力于高水平运动建设，时任安徽师范大学体育学院书记贡植斌对刁文元佩服有加，又加上当时学院运动训练专业乒乓球专项班师资力量缺乏，贡书记表达了邀请他到安徽师范大学任教的想法，并且向他提出了比较宽松的条件。贡书记特意安排体育学院第一届乒乓球专项班的全体学生与刁文元切磋球技。刁文元虽已退役，但几十年来，他从未放下过球拍，精彩的球技展示让在场师生叹服。

时任安徽师范大学党委书记兼校长蒋玉珉谈道，他从小在蚌埠打球时就对刁文元有所耳闻，后来更是经常在电视和报纸上看到刁文元参加重大赛事的新闻和照片。蒋校长对刁文元说："学校聘您为安徽师范大学客座教授！"刁文元说："我恐怕资格不够，因为我只有中学学历。"蒋校长为刁文元的谦虚深深折服，并诚恳地说道："《人民日报》多次登您的照片和名字，这就是最有力的学历！聘您为安徽师范大学客座教授是实至名归！"就这样，刁文元成为安徽师范大学体育学院客座教授。2004年7月5日，安徽师范大学还专门成立了刁文元乒乓球俱乐部。

聘　书

兹聘任　刁文元　先生为
安徽师范大学客座教授

安徽师范大学
校长：

编号：200311　　　二〇〇三年八月二十八日

刁文元担任安徽师范大学客座教授聘书

刁文元乒乓球俱乐部

安师大乒乓球教学训练中心

刁文元乒乓球俱乐部（拍摄于2013年）

刁文元深情地回忆道："安徽师范大学是我晚年幸福的港湾，也是我在国外漂泊半生后的归宿！"虽然刁文元蜚声海内外，光环无数，但在他的内心深处，一直深藏着某种遗憾，那便是挥之不去的乡恋。他曾坦言，自己作为安徽人，没有为安徽培养过一名运动员，没有为安徽当过教练，很遗憾。他表示，他对家乡安徽有很深的感情，愿为安徽乒乓球事业的振兴出力，想为安徽的乒乓球事业做一些工作。虽因种种历史原因，刁文元为家乡乒乓球事业效力的机会来得晚了些，但国球精神激励他面对竞争对手永不言败，面对挫折勇往直前，于是他紧紧抓住这次到安徽师范大学任教的机会，开始一点点调整心态，一步步适应新的教学生活。凭着爱心、耐心和责任心，刁文元从最基础的技术要领教起，以身作则，带着学生成长。

到芜湖任教几年后，有些朋友问他：回国后，为什么不回北京？既然把家安在合肥，又为什么选择在芜湖工作？刁文元沉思许久说道："除了已知的因素，我想说，漂泊非我本意，很多时候我并没有选择。我宁肯相信是芜湖选择了我，是安徽师范大学选择了我！我也有太多喜欢这里的理由。"

安徽师范大学刁文元乒乓球俱乐部坐落在校园的一角，多数时间，刁文元都是在俱乐部和学生、朋友们一起练球，也会和他们一起吃饭、喝茶、逛街。在刁文元眼里，芜湖是个宜居的城市，惬意但不慵懒。芜湖的城区虽然也很喧嚣，街上的行人也很匆忙，但忙得从容不倦怠。

安徽师范大学赭山校区的大门正对着镜湖，精致而优雅的镜湖旁边就是步行街。刁文元说，他喜欢芜湖的步行街，喜欢在芜湖的步行街悠闲地散步，倦了便走到镜湖边小憩一下，看路人走来走去，不用疲惫地倚在大商场的长椅上，而这浮躁与恬静只几步之遥。他感叹道，他需要这样一个环境，安抚他奔波一生的乒乓春秋。

宝刀未老

国际乒联前主席徐寅生曾经说过："我当运动员时想夺冠军，我当教练时想自己的队员拿金牌，我当国际乒联主席时就想让世界上更多人参加这项运动。"

在徐寅生和国际乒联前主席沙拉拉的多年努力下，世界上参与乒乓球运动的人越来越多。2004年第12届世界元老乒乓球锦标赛在日本横滨举行，有47个国家和地区的近3000名运动员报名参赛，其中，85岁以上的老年参赛者多达61人，最大年龄为94岁（法国人）。这些都创下了世界之最。

刁文元曾谈道，现在喜欢打乒乓球的人越来越多，球馆、俱乐部就像大排档一样到处都是。去这样的"大排档"与素不相识的球友打上几板真是一件开心的事。大家因为乒乓球相聚在一起，在打球中可以毫无顾忌地大喊大叫，可以为了一分球而不服、惋惜，也可以为赢了一个漂亮的球而狂欢。

乒乓球的魅力不完全在于欣赏，还在于参与。刁文元有很多球友，初次见面他们就能道出刁文元30多年前的比赛细节，这让他很感动。他们常常在一起切磋、回忆、点评、打擂。乒乓球使他们快乐、健康。

国际乒联根据多年经验和医学专家的论证，将世界元老乒乓球锦标赛分为八个年龄组：40～49岁、50～59岁、60～64岁、65～69岁、70～74岁、75～79岁、80～84岁、85岁及以上。本次横滨比赛就是按照这个年龄组来分组的。比赛只设单打和双打，11分制，5局3胜，先分组循环再单淘汰。比赛两天，休息一天。

比赛期间，沙拉拉经常在比赛大厅与人们交谈。刁文元与梁戈亮练球时，沙拉拉走过来与他们握手并说："欢迎你们参与，祝你们健康！"这两句话正是本次比赛的宗旨。

木村兴治、三木圭一、伊藤繁雄、舒尔贝克、卡拉尼奇、绍勒尔、阿佩依伦……很多昔日的名将都参加了比赛，但只有一两个人取得了好成绩，因为体能比技术更重要。

刁文元与欧洲老年冠军——号称"第一怪球手"的耐保瓦（瑞典人）配对，在男双比赛中一路过关斩将，最后在决赛中以3：2险胜上届冠军（德国人），获得60～64岁组男双金牌。这是我国乒乓球运动员首次在世界元老乒乓球锦标赛中获得的最大年龄组冠军。耐保瓦经常在双打接发球中打出"S"球得分，他设计的长胶在大赛期间举办的乒乓球器材展销上很畅销，是国际乒联认可的品牌。

乒乓球比赛没有纪录，只有名次。有人说，年龄加名次也可以成为纪录。

刁文元感慨道，战胜对手难，战胜自己更难，战胜年龄难上加难！

刁文元完美诠释了一个真理：乒乓球学无止境，要经得起各种考验，要有锲而不舍的精神，要有不断创新的球技，要有"球不落地，永不放弃"的决心。

2004年，刁文元参加第12届世界元老乒乓球锦标赛

刁文元与耐保瓦合影

第12届世界元老乒乓球锦标赛双打冠军奖牌

"一大二抓三从"

刁文元自2004年到安徽师范大学任教开始，截至2021年底，带领安徽师范大学乒乓球队取得了很好的成绩，在省运动会、省大学生乒乓球锦标赛上，每次都能拿到4～5枚金牌，经常战胜安徽省的现役运动员。为什么刁文元到哪个地方，哪个地方的运动员就能出成绩？用刁文元自己的话说："别人都说名师出高徒，而我认为，严师出高徒！"刁文元有他独特的一套训练方法，总结起来就是"一大二抓三从"——大运动量，抓作风、抓精神，从难、从严、从实战出发。

大运动量。过硬的体能素质和充足的训练量对运动员来说非常重要，赛场上比拼的不仅是技术，更多的是体能和心理承受能力。刁文元认为，保持高强度、高密度、高速度和大运动量的训练，持之以恒地进行体能训练和反复的球技训练，能有效提高运动员的力量、耐力、速度、柔韧性、灵敏度等基本的运动素质，为取得优异的比赛成绩打好基础。没有足够的训练量做基础，就无法达到"熟能生巧"的目的，更不会达到"人球合一"的境界。所以，刁文元会为队员制订严格的体能训练计划和大运动量的练球计划。他曾说过，越是能吃苦、有耐性的运动员，越能出成绩。

抓作风、抓精神。刁文元认为，运动队的思想作风和运动员的拼搏精神直接关系到一个运动队的整体形象和运动队的成绩。大学生处于青春期，他们思想独立、个性解放、理想高远、崇尚自由，但也有些叛逆。所以，刁文元特别重视培养学生自律自省的意识，要求他们加强自我约束，不断拼搏，敢于超越，为学校争光，甚至为国家争光。

从难、从严、从实战出发。刁文元平时总是督促队员多和高手切磋，不要怕强大的对手，要迎难而上，一个难关的攻破，代表着战术能力的提升。他专门制定了严格的规章制度，并且执行起来毫不含糊。在安徽师范大学任教期间，他不允许学生迟到。学生哪怕迟到一分钟，也要接受在操场跑圈的惩罚，迟到次数多了，跑圈的数量也会相应增加。他不允许学生在上课期间看手机，如果发现，手机没收，下课后学生要去书记办公室领取。刁文元每带一个队，都会花时间掌握每一位运动员的生

刁文元指导学生训练

理和心理状态，针对每一位运动员的具体情况，在训练量、比赛强度、心理承受能力等方面一点点地增加。为营造比赛时的紧张氛围，他会经常让队员进行模拟比赛，在模拟比赛中找短板，在训练时补短板，然后继续进行模拟比赛查看短板弥补情况。另外，他还会自费准备一些奖品，激发队员的积极性和潜能。

情系国球

每天陪伴学生朝着梦想奋力前行，对刁文元来说就是最大的幸福。他时常教导学生，面对日常的训练，一定要有耐心，不能操之过急，而且马虎不得。日常训练强度高、压力大，但压力就意味着责任，负重才能走得踏实。要想比别人做得更好，就一定要比别人付出更多！他除了关注学生的训练，更关注他们的态度和心理状态。因为在他看来，充分的训练、端正的态度、积极的心态、时间的积淀，都是比赛中能脱颖而出的基石。

注重台下功夫练习的同时，刁文元及时关注赛事信息，因为他要带领学生走上真正的战场：一是以赛代练，检验平时的训练效果；二是开阔学生的眼界，通过与其他学校乒乓球运动员的交流切磋，取长补短；三是让学生通过实战达到心态上的稳定，避免成为"训练场的巨人，比赛场的矮子"。谈起安徽师范大学体育学院的优秀乒乓球运动员，刁文元脸上洋溢着自豪的神情，自他到安徽师范大学体育学院任教以来，经验丰富的他带领球队斩获多项荣誉。

在 2012 年 5 月安徽省高校第九届"校长杯"乒乓球比赛中，安徽师范大学代表队一举夺得团体冠军，这样的成绩出乎所有人的预料，因为就在上届比赛中，安徽师范大学代表队并未进入 16 强。时任校长王伦在团体比赛中是一号主力队员，每场必上，从小组预赛到冠亚军决赛，他是此次比赛中唯一保持一场不败的选手。时任校党委副书记刘新跃在团体赛中战术得当，以巧克勇，以柔制刚，敢于出招，在半决赛和决赛中，分别战胜了此次比赛中的单打冠亚军得主，各队都称刘书记是这次比赛中的"一匹黑马"。这场比赛赢得如此漂亮，与队员的个人实力和超强的心理素质分不开，更与刁文元赛场指挥的及时、精准、恰到好处分不开。但刁文元作为教练是谦逊的，他始终站在队员的角度去鼓舞他们的士气。赛后刁文元幽默地表示，乒乓球运动与智商联系紧密，大学领导都受过高等教育，智商高，理解能力强，所以进步超快。时任安徽师范大学党委书记顾家山说："刁老师工作起来专心致志。决赛场我坐在他后面，几次喊他，他都没理我。他正专心看场上变化，制定对策。"后来刁文元笑称："我耳背，没听到。"

2012年，安徽师范大学代表队获安徽省高校第九届"校长杯"乒乓球比赛团体冠军（左起依次为安徽师范大学纪委书记程度、校长王伦、党委书记顾家山、教练刁文元、党委副书记刘新跃、生命科学学院副院长汪鸣）

在 2010 年 7 月安徽省第十二届运动会高校部乒乓球比赛中，全省有 17 所高校参加了甲组比赛。安徽师范大学女队夺得团体冠军，这在安徽师范大学历史上是首次。

在 2012 年 5 月安徽省大学生乒乓球比赛中，安徽师范大学代表队经过顽强拼搏，取得 3 个冠军、4 个亚军的好成绩。

在 2018 年 4 月安徽省第十四届运动会高校部乒乓球比赛中，安徽师范大学代表队共摘得 4 金、5 银、4 铜。

2010 年，安徽师范大学女队首次夺得省运会乒乓球女子团体冠军（左起依次为郑云峰、袁德水、戴安娜、洪柳、王伦、姚静、刁文元、韩闻清）

2018年，安徽师范大学代表队赛后合影

　　以上成绩的取得，离不开刁文元平时狠抓训练，对队员高标准、严要求，更离不开他在赛场上审时度势的现场指导。在历次比赛中，安徽师范大学选手都展现出了积极向上的队风，面对激烈而残酷的竞争，他们不畏强手，团结协作，奋力拼搏，紧紧团结在一起，拧成一股绳，共同战胜对手，展现了安徽师范大学学子的风采。安徽师范大学一直将立德树人作为立身之本，体育训练同样蕴含着无限的立德树人的力量。一天天汗流浃背训练的积累，一场场惊心动魄比赛的磨砺，让学生的专业素养和精气神实现了质的飞跃。

刁文元认为，成绩的取得首先来源于运动员平时系统的训练和个人的天赋，其次才得益于因人制宜的训练方法。每次比赛结束后，刁文元都会教导学生，比赛时每分必争，但比赛结束后要看淡成败，荣誉永远只是昨日的盛景，要向前看，追求明日的曙光，同时也要学会面对失败，勇敢地接受它，并为下次成功继续奋斗。

然而，刁文元并不满足于让学生走出校门，他希望学生的眼界更加开阔，有更多交流学习的机会。于是，他带领学生跨出国门，去亚欧板块的另一端、去大洋彼岸交流学习。刁文元意味深长地跟学生说："我带领你们突破时间和地域的限制，而你们要做的就是突破自身短板、突破技术瓶颈、突破心理障碍，从而最终实现质的突破。"在刁文元的积极组织下，安徽师范大学乒乓球队队员与多国乒乓球运动员相互切磋、相互借鉴，对提高安徽师范大学乒乓球专业水平和社会影响力作出了积极贡献。

2018年6月13日至17日，国际乒联朝鲜公开赛在平壤举行。中国队派出了国家二队和安徽师范大学代表队参赛。安徽师范大学代表队由刁文元担任主教练，体育学院专业教师朱树笙担任教练兼队员，同时选派学生季瑞龙、张人元、何子谦等参加比赛。比赛中，朱树笙发挥出色，首轮以4：2战胜蒙古选手，次轮以4：1战胜朝鲜选手，进入16强；张人元在U21以下的比赛中以3：0战胜朝鲜选手，进入16强。赛后，朱树笙、张人元分别获得当年国际乒联的世界排名。此次比赛是中国乒乓球历史上首支大学乒乓球队代表国家参加国际乒联的官方赛事，安徽师范大学乒乓球队成为中国大学生队的开路先锋。

2018年，安徽师范大学代表队参加国际乒联朝鲜公开赛合影（左起依次为季瑞龙、朱树笙、袁德水、刁文元、张人元、何子谦）

刁文元现场指导队员朱树笙

2011年6月，受意大利乒协邀请，安徽师范大学女子乒乓球队在刁文元的带领下，赴意大利进行了为期10天的交流访问。意大利乒协对我国高校乒乓球队的邀请尚属首次。

2011年8月20日，应刁文元之邀，意大利乒乓球队一行8人在总教练杨敏先生的带领下访问安徽师范大学并进行了友谊赛。

2011年,安徽师范大学女子乒乓球队访问意大利

2011年,意大利乒乓球队访问安徽师范大学

2013—2015年，安徽师范大学乒乓球代表队在刁文元的带领下，先后赴日本新潟产业大学附属高等学校、早稻田大学、开志国际高等学校进行访问交流。每到一校，双方师生都在礼仪文化、教学理念、训练方法、技术水平、战术意识等方面进行充分交流，相谈甚欢。每次前去的队员们回国后都纷纷表示，日本之行受益匪浅，开阔了眼界，增长了见识。

2013年，安徽师范大学乒乓球代表队访问日本新潟产业大学附属高等学校

刁文元与世界冠军、国际乒联前副主席木村兴合影

2014年9月19日，日本早稻田大学乒乓球代表团一行9人在木村兴治的率领下来安徽师范大学交流访问。

2015年6月26日，加拿大乒乓球队访问安徽师范大学并进行友谊赛。

2016年8月8日，日本早稻田大学乒乓球代表团一行10人在木村兴治的率领下再次来安徽师范大学交流访问。

2014年，日本早稻田大学乒乓球代表团访问安徽师范大学

2015年，加拿大乒乓球队访问安徽师范大学

2016年,日本早稻田大学代表团再访安徽师范大学(前排左五为木村兴治)

比赛有胜负,友谊却长存。经过刁文元的多方组织协调,安徽师范大学乒乓球队跨出国门,走向欧洲,走向北美洲,开阔眼界,增长见识,为自身未来的发展提供了更多的可能性。安徽师范大学乒乓球队与多国乒乓球队以球结缘,以球会友,相互了解,相互沟通,增进友谊,共同进步。

情　怀

我们曾问刁文元："乒乓球在您生命中的地位是什么样的?"刁文元意味深长地说道："它是我生命中必不可缺的一部分,乒乓球在我生命中的地位从未改变过。我始终认为,球是有生命的,它给了我自信、快乐,它更让我在少年时有了奋斗的方向;它帮助我不断地发掘自己、提高自己,从而认识自己;它改变了我的人生,更完整了我的人生。我自认为是一个有乒乓球情怀的人,无关利益,无关名誉,为了乒乓球,我可以不顾一切。"

刁文元告诉我们,乒乓球教会了他很多东西,其中最重要的是教会了他不怕困难、积极向上的生活态度。每一位站在赛场上的运动员,都经历了常人难以想象的夜以继日的高强度训练,这种训练造就了他们永不服输的体育精神,这种体育精神将变成他们一生的财富。尽管退役,不再是运动员,这种阳光、乐观的体育精神也会照亮他们的生活、情感、事业,并感染身边的人。也许这就是年已八旬的刁文元依旧精神矍铄、性格爽朗、谈吐幽默的原因之一吧。

截至2022年，刁文元已在国内外任教长达46年。虽已80岁高龄，但他从不觉得累。刁文元说，能有幸在大学课堂手拿挚爱的球拍将毕生所学传授给学生，是一种享受。

刁文元说，任何一个成功的运动员，都少不了训练场上挥汗如雨的积累，日复一日身体素质的磨炼，不断接受挫败而又不断重整旗鼓的心理素质的提升，以及为集体荣誉而战的决心，这也正是对国球精神的完美诠释。不怕苦、不怕累，脚踏实地，永不言败，紧密团结，为国家荣誉而战的体育信条，激励着一代代运动员勇往直前。

国球友谊

乒乓球运动作为增进国家和人民之间互相了解的一种手段，深受各国人民的喜爱。在新中国走过的70余年中，国球作为传播和平与友谊的使者，在中国外交史上写下了浓重且充满活力的篇章。闻名中外的"乒乓外交"，无疑是其中最浓墨重彩的一笔。在刁文元的运动生涯中，他不仅见证了"乒乓外交"的历史时刻，而且因国球建立起了世界范围的朋友圈。

中日的乒乓球交往

中美之间的"破冰之旅"缘起"乒乓外交"，而中美之间的"乒乓外交"又源自中日之间的"乒乓外交"。中日"乒乓外交"的舞台是第31届世乒赛，它不仅是打开中美关系正常化进程的契机，而且为日后中日邦交正常化带来了积极影响。

1970年8月，时任日本爱知工业学校校长、日本乒协会长后藤钾二坚定地认为，第31届世乒赛如果没有高水平的中国队参加，那将是一次低水平的国际比赛。他曾向时任中国乒协主席陈先说，长谷川信彦虽得过世乒赛单打冠军，但不是真正的冠军；没有中国队参加的世乒赛不是名副其实的世乒赛。在征得日本乒协其他领导的同意后，后藤钾二下决心一定要请中国队参加第31届世乒赛，所以专程到北京登门邀请中国队。但中国队是否参加第31届世乒赛，在当时的国际国内背景下不仅仅是体育方面的问题，还涉及外交问题，因此，事关重大。1971年1月，在周恩来总理的关照下，中日两国乒协签署了协议，并向世界公布了中国队参赛的消息。

然而，在第31届世乒赛开幕之前，柬埔寨发生政变，金边当局要派出运动员参加第31届世乒赛。留在北京的柬埔寨西哈努克亲王则希望中国放弃参赛。究竟要不要参加在日本举办的世乒赛，成了一个严肃的问题。当时的国家乒乓球队内部意见分为两种：一种意见认为，国际乒联实际上就是"帝修反"的大杂烩，世乒赛的七个奖杯都是用外国人的名字命名的，我们应该在第三世界和亚非拉国家一起，创造新兴的世界比赛。另一种意见认为，我们要利用这一平台宣传毛泽东思想，和"帝修反"作斗争，团结第三世界，争取亚非拉人民与我们一起战斗！

后来外交部将国家乒乓球队讨论的情况汇报给周总理，周总理作出指示：把乒乓球队全体运动员、教练员，还有代表团的有关人员都召集起来，让大家讨论，究竟要不要参加这届世乒赛。

1971年3月14日晚，国家乒乓球队突然被召集到北京体育馆南三楼会议室开会，如此紧急匆忙，谁也不知道要开什么会。见大家到齐了，外交部副部长韩念龙先传达周总理的指示，要乒乓球队连夜开会，讨论因朗诺集团要参加本届世乒赛而产生的"去，还是不去？"的问题。韩副部长指出，这是周总理对大家的信任，同意或不同意都可以发表意见。

大家都很激动，纷纷谈了自己的看法。最后大部分人的意见是应该参加。讨论结束，已经是第二天的凌晨了。听闻周总理还在大会堂等着听乒乓球队的讨论结果，大家心里都十分感动。周总理听了韩副部长的汇报后表示，我们遵守诺言，参加第31届世乒赛，并当场给毛主席写了报告，提出："此次出国参赛，已成为一次严重的国际斗争；我方提出'友谊第一，比赛第二'，即使输了也不要紧，反正政治上占了上风。"毛主席阅后批"我队应去"。①至此，中国乒乓球队参加第31届世乒赛终于尘埃落定。3月16日，周总理再次接见中国乒乓球队全体队员，强调："到日本后，应注意在对外宣传方面不要强加于人，比如是不是每人手里都要拿语录本，就值得研究；要克服和防止类似的形式主义，提倡实事求是。"②

据刁文元回忆，周总理非常关心整个乒乓球队，先后在人民大会堂8次接见乒乓球队，解决了各方面的问题，就连随队赠送给国外队员的礼品配置都特别考虑，真是无微不至。当时的中国与日本还没有建立外交关系，去日本要先到广州，办理英国签证，然后到深圳，再到罗湖桥，最后从香港转道去日本。中国乒乓球队刚到广州的东方宾馆，就收到了周总理从北京空运来的学习文件，供代表团学习使用。

---

① 中共中央文献研究室:《周恩来年谱 1949—1976 下》,中央文献出版社1997年版,第444页。

② 中共中央文献研究室:《周恩来年谱 1949—1976 下》,中央文献出版社1997年版,第444页。

1971年，中国乒乓球代表团离京赴日参加第31届世乒赛

　　1971年3月28日，第31届世界乒乓球锦标赛在日本名古屋正式拉开序幕。这是中国乒乓球队在中断第29届、30届世乒赛之后再次参加世界大赛，备受瞩目。当时中国乒乓球代表团乘坐的飞机刚落地，日方接待人员就来接机。日本警察也登机了，表示要尽力保护代表团的安全。机场警戒森严，出动了很多警察。主办方专门为球队安排了一辆大巴车。去往住宿宾馆的途中，到处都是欢迎代表团的人群，有人举着五星红旗，喊着欢迎代表团的口号。中国代表团住宿的地方，日本专门派了警察站岗。爱国的华侨也自发组织起来，在宾馆轮流站岗。

中国代表团在开幕式的入场顺序是第30队。由于中国代表团时隔5年没有参加任何比赛，第一下亮出来以后很抢眼，观众热情鼓掌、欢呼，气氛格外热烈。日本各大报纸报道开幕式消息时，都把中国队放到突出位置，很多报纸还登了中国运动员的照片，并且评论：中国运动员风格完全变了，体现了"友谊第一，比赛第二"的精神。

日本媒体并不了解"友谊第一，比赛第二"的方针是周恩来总理在中国代表团来日本前亲自制定的。1971年3月10日晚，周恩来总理在接见参加第31届世乒赛的中国乒乓球代表团时说："光提勇敢不行，还要敏捷。但是敏捷容易失手，失手了，也要沉着，敢打敢碰，所以既要敏捷，还要沉着，这是辩证的。另外，还要有韧劲。勇敢是需要的，要有小老虎精神，但是有时被人家压住就气馁了，这不行。所以还要坚韧不拔。不管什么状况，都敢抽、敢拉。'打出水平，打出风格'，应该把打出风格放在前面。风格不高，不是真本事。风格就是政治、思想、品格、作风。水平是技术。……不能搞小动作。即使输在小动作上也要蔑视它。"周总理还说："你们到日本去，友谊第一，比赛第二。打胜了固然很好，但如果人家真有本事，我们得第二、第三也没有什么。总是第一也没意思。无非是五年没有出去，生疏了，就再学习一次么。徐寅生同志要经常提醒大家突出政治。……我们是无产阶级社会主义国家……气魄应该更大。所以你们这次出去，即使技术不熟练，稍有失手，但是思想过硬，万一输一些，我们不会责备你们的。如果是政治上的错误，我们倒要责备了。"①

　　1971年3月29日，《朝日新闻》刊登了三篇有关中国乒乓球运动员的文章，即《友好发球，中国选手》《总是握手与微笑》和《请"一定到北京来"》，详细介绍了第31届世乒赛第一天中国选手的表现。该报写道："中国选手们机敏爽朗地行动了，无论是在比赛中，还是在友好活动中都是如此"，"比赛一结束，就同对手一再握手，关系融洽，摄影留念，还给别国选手签名"，"如同'友谊第一，比赛第二'这句话所说，他们直接发挥了'外交使节'的作用"。

---

① 中华人民共和国外交部外交研究室：《周恩来外交活动大事记（1949—1975）》，世界知识出版社1993年版，第339-340页。

1971年，日本名古屋第31届世乒赛中国乒乓球代表团合影
（后排左七为张燮林，左八为刁文元，右四为徐寅生，右七为庄则栋）

日本开展乒乓球运动的历史早于中国，在 20 世纪五六十年代，日本曾是世界乒坛的霸主。20 世纪 50 年代，世界各国都在使用光板球拍，日本人率先发明了海绵拍，之后又发展了海绵胶皮，并且分为正胶、反胶，把胶皮贴在底板上，可以使乒乓球的速度、力量、旋转都有所加强。乒乓球技术的发展进入快车道，也为发明弧圈球奠定了硬件基础。原来的球打到地板上会弹到另外一个台子上，影响比赛，所以日本人又发明了地胶。第 29 届和第 30 届世乒赛，中国队放弃参加，男女单打冠军全是日本运动员。男子单打冠军，第 29 届是长谷川信彦，第 30 届是伊藤繁雄；女子单打冠军，第 29 届是森泽幸子，第 30 届是小和田敏子。由此可见，日本的乒乓球技术已经处于世界前列。刁文元在第 31 届世乒赛中的主要任务是模仿第 30 届世乒赛男子单打冠军伊藤繁雄的打法，帮助中国乒乓球代表团提高技术，稳定成绩。

　　伊藤繁雄是当时乒乓球界的顶尖高手，也是 1969 年世乒赛的男单和男团双料冠军，并且他当时还独创了一种新型打法——弧圈快攻，所以他也被人们称为"旋转球王"。伊藤繁雄用右手直握拍，反拍跟刁文元的打法非常相似。为了在第 31 届世乒赛中帮助中国队员战胜这位对手，刁文元开始琢磨、研究伊藤繁雄的打法。当时录像带还非常少，只能靠日本乒协主办的一本乒乓球杂志上的照片来对赛场技术进行复原。刁文元从有限的照片中反复观察学习伊藤繁雄的技术要领，观察球拍的位置，挥拍中止的地方，如何走的弧线，球拍的角度，手腕、前臂、大臂的运用情况等，然后再慢慢琢磨，一遍遍地尝试，直至完全掌握要领。然而，由于拉弧圈球是"擦"球而非简单的"打"球，要用很大的爆发力，刁文元每天陪主力队员们训练便格外辛苦，不但胳膊拉肿了，自己原有的打法也放弃了。当时世界乒坛最厉害的莫过于日本的三位主将木村、荻村和三木。为了彻底找到克敌制胜的办法，余长春、刁文元、廖文挺等人争相模仿日本队三位主将，成为真正意义上的陪练。"渐渐地，他们不仅拉弧圈球的质量和球技与日本人相差无几，连走路及举止都学得惟妙惟肖。"国际乒联前主席、中国乒协前主席徐寅生这样回忆道。

　　作为中国乒乓球史上第一个使用日式直拍的运动员，也是第一代模仿日本弧圈球高手打法的男运动员之一，刁文元按照总教练徐寅生的统一部署，从模仿发球开始到搓球、拉球，再到整个战术，模仿对手进攻、防御和相持球，甚至模仿对手接球前的一个眼神。刁文元"模仿秀"的最终目标，就是给主力队员造成困难和障碍，让他们看到问题，提升水平。在男团决赛中，中国队的李景光将伊藤繁雄打得毫无还手之力，两局比分分别为21：3和21：6。在决赛场上一局竟然只让对手得了3分，两局加起来只得了9分，而且还是21分制，这样的纪录可以说是绝无仅有。最终，在团体赛当中对手连丢2分，中国队以5：2战胜日本队，夺回了斯韦思林杯！

1971年，第31届世乒赛中国乒乓球队男队获团体、双打冠军（前排左起依次为李树森、梁戈亮、王文华、王文荣，后排左起依次为庄家富、余长春、张燮林、刁文元、周兰荪、郗恩庭、李景光、庄则栋、李富荣、徐寅生）

"小球转动了大球"

在第 31 届世乒赛期间，美国运动员科恩的一次偶然"搭错车"，开启了一段"乒乓外交"佳话。

当时中国队乘坐的大巴车从训练馆开到比赛馆，有十多分钟的车程，车上还有警察和陪同人员。在场馆停车场，由于大巴车上没有比赛用车的标志，美国运动员科恩就稀里糊涂地上了车，结果上来一看，全是中国人，才发现这是给中国队的专车，就很尴尬。据刁文元回忆，他当时坐在靠后排的座位上，一看上来了一个美国人，吓了一跳，对方披头散发，一副嬉皮士的模样。他想到中国的外交纪律，于是坐在座位上，绝不理睬美国运动员。没想到这时庄则栋走上前去，他从手提包里拿出一块杭州织锦想送给科恩作为礼物，织锦上是一幅黄山风景图。周总理曾说：要通过乒乓球广交朋友。所以，当时来日本参赛的中国队队员每个人都有一个统一的手提包，里面除了球拍、毛巾、球衣、水杯之外，还总带点小纪念品作为交换礼品。但是，当时处于冷战时期的中美关系十分敏感，中国队事先专门制定了一个特殊规定：

如果我方同美国代表团官员相遇，不主动交谈和寒暄；如果同美国队比赛，队员们可以握手致意，但不能交换队旗。看到庄则栋的行为后，后面的一位领队就去拉庄则栋的手试图阻止他，但是没有拉住。庄则栋与科恩的这一幕被随车的日本记者拍了下来。

　　庄则栋当时已多次获得男子单打世界冠军，在国际赛场上拥有很高的知名度，科恩非常激动。他上上下下翻起自己的口袋，并打开背包，想找点能够回赠的礼物，但最后也没找着。后来翻译问他，知不知道送礼物给他的人是谁。"知道啊，世界冠军庄则栋，"科恩回答说，"我希望你们队能打出好成绩。"当时大巴车上也有翻译，庄则栋通过翻译对科恩说，即使美国政府对中国有敌意，中国人民和美国人民还是朋友。从一定意义上说，庄则栋的行为也代表了整个中国乒乓球队。等到班车一到站，一群记者早已等在那里，车门一开就有记者先上来了。当时的中美关系很敏感，一个美国人上了中国人的车，这边刚开车，那边记者们已经在等待了。第二天，这个新闻上了日本各大报纸的头条。

1971年，庄则栋（左）与美国乒乓球运动员科恩在大巴车前交谈

　　而在第二天，科恩又跑到了中国代表团的车子那里等着，把一件印着美国国旗与和平标志的T恤送给了庄则栋作为回礼，上面还写着一句话"LET IT BE"。后来在纪念中美"乒乓外交"40周年之际，科恩的妈妈琼告诉了庄则栋"LET IT BE"的意思："这是呼唤和平的意思，有个著名的嬉皮士演唱团，叫甲壳虫乐队，这个演唱团演出的节目都和呼唤和平有关，要求美国政府从越南撤军，要求世界和平。"

　　接着，美国乒乓球代表团副团长到中国代表团驻地拜访，并提出了访华要求，表示美国人民是要同中国人民友好的，美国人民对中国人民所取得的成就感到高兴。当时中国乒乓球队在日本参加第31届世乒赛时，毛主席让身边的工作人员每天把各通讯社对中国代表团的反应逐条地讲给他听。当美国乒乓球队想访问中国的信息报告到中南海后，毛主席迅速指示：和名古屋每天通话三次还不够，要增加到五次。①

当时国家体委认为，邀请美国乒乓球队访华的时机还不成熟，就联合起草了一份关于不邀请美国乒乓球队访华的报告上报。

历史的进程常常是微妙的，毛主席从庄则栋与科恩的友好接触中看到了中美建交的希望，从而改变了整个国际形势的格局。

曾是毛主席保健护士长的吴旭君回忆："主席让我看完文件退给外交部办理，办完这件事后我觉得主席有心事……至于有什么心事，我不知道。就在4月6日那天，他要提前吃安眠药，他要提前睡觉。晚上11点多了……他就坐在床边。我坐在床前的桌子上吃饭，就坐在他对

---

① 徐寅生，金大陆，吴维：《我所亲历的中美"乒乓外交"》，《世纪》2017年第1期，第44页。

面。他因为吃了大量的安眠药，困极了，他就脑袋这么低着，就在那儿这么低着睡，就是不肯躺。过了一会儿，他突然间说话了……听了半天，我才听出来，他要我去给王海容同志打电话，当时王海容同志是外交部副部长，他说要邀请美国乒乓球队访华。我的天哪，我一听这话当时就愣了，我想这跟白天退走的文件正好相反，如果按他现在说的去办，那跟文件的精神不符合呀，那总理和他都划了圈的，那可能就会办错了。再有，主席曾经跟我交代过，他说他吃了安眠药以后，讲的话不算数。那么现在跟我交代的这件事就是他吃了安眠药后讲的，那算不算数呢？……我就反问了一句，我说：'你现在都吃了安眠药了，你说的话算数吗？'主席就向我这么挥了一下手，说：算，赶快办，要不就来不及了。"[1]

中国乒乓球代表团从接到外交部的指示后，又从其他渠道确认邀请美国乒乓球队访华事宜，才敢决定布置新闻发布会，邀请美国乒乓球队访华。

周总理在美国乒乓球队访华后曾对外交部几位负责人说，"'乒乓外交'是我们整个外交攻势的一部分"，"乒

---

[1] 熊向晖：《我的情报与外交生涯》，中共党史出版社2006年版，第252—253页。

乒球一弹过去，就震动了世界，小球转动了大球——地球"①。

亚非乒乓球友好邀请赛

1971年第31届世乒赛期间，中国已经在日本与亚非各国代表讨论下半年在北京举办亚非乒乓球友好邀请赛了。这是一次以体育为舞台的亚非大团结活动，所以办得非常隆重。

五个月后，北京举办了亚非乒坛史上的空前盛会——亚非乒乓球友好邀请赛。这是由中国、朝鲜、埃及、日本、毛里求斯、尼泊尔乒乓球协会共同发起的洲际乒乓球邀请赛，于1971年11月2日至14日在北京举行。参加比赛的亚非各国和地区的球队有51支，比赛项目有男女团体赛、男女单打、男女双打、混合双打、男女少年单打和元老杯赛共10项。这是1968年以来，我国首次举办的国际体育盛会，党和政府非常重视。

亚非乒乓球友好邀请赛的成功举办，是体育为政治服务的典范，也是我国改革开放、走向世界的基石。时任

---

① 钱江:《"乒乓外交"始末》，东方出版社1987年版，第167页。

1971年11月3日，《人民日报》报道亚非乒乓球友好邀请赛开幕式

国际乒联主席埃文斯等也应邀前来观看。面对气氛友好、规模壮观的赛场，后藤钾二钦佩地说："中国真了不起，五个月的时间就请来这么多国家。中国有气魄，只要想办的事情，就一定能办成。"对于中国有史以来举办的规模最大的一次国际体育盛会，外电给予了高度的评价：

1971年11月13日,《人民日报》刊载亚非乒乓球友好邀请赛情况

"这是中国'乒乓外交'的伟大胜利","中国在外交方面开始了一个新纪元"①。

在邀请赛期间,六个发起国的代表团团长举行了会议,决定把亚非乒乓球友好邀请赛扩大为亚非拉乒乓球

---

① 徐寅生,金大陆,吴维:《我所亲历的中美"乒乓外交"》,《世纪》2017年第1期,第46页。

友好邀请赛，并继续由中国主办。

1973年，亚非拉乒乓球友好邀请赛在北京举行，来自亚洲、非洲、拉丁美洲86个国家和地区的乒乓球代表团和其他朋友，共1100多人参加了比赛。它显示了亚非拉乒乓球运动的蓬勃发展，标志着亚非拉人民和运动员的大团结。

"乒乓外交"带动了世界政治格局的一系列变化。中国与日本、英国、联邦德国等20多个国家建立或恢复了大使级外交关系，中国恢复了在联合国的合法席位。

多个国家与中国建交

除了中美关系之外，"乒乓外交"在改善中国与西方"第二世界"的关系方面，也发挥了重要作用。

1971年春，澳大利亚乒乓球队在最后时刻改变了前往台北的计划，踏上了前往北京的航班，这是一个由5人组成的微型代表团。随后中澳两国加快了接近的步伐，并且在一年以后建立了外交关系。

几个重要的欧洲国家也开始急于发展与中国的关系。德国媒体焦虑地谈道："华盛顿的对华政策越是成形，在这一世界政治的事例上也就越明显地表现出美国和德意志联邦共和国在处理东西方关系方面差距有多么大。"①

中国乒乓球队到达意大利，同意大利乒乓球队进行比赛时，电视台第一次转播了比赛。佛罗伦萨的《民族报》在第一版以《乒乓球在中国人和意大利人之间激起热情》为题发表了一篇长篇报道。意大利乒协主席高兴地说："我们对此感到特别高兴，这首先是因为，这次访问表明了体育作为人民之间了解和友谊的手段的意义，另外，同中国乒乓球运动员的比赛一定会成为乒乓球运动在意大利传播的良好开端。"②

在这样的背景下，1971年底，"乒乓外交"的热潮席卷了英伦三岛。在中国乒乓球代表团到访之前，伊丽莎白女王向英格兰乒协转达了希望中国乒乓球代表团的访问取得成功的良好祝愿。当时徐寅生带领刁文元等几名队员，正在瑞典、芬兰、丹麦三个北欧国家进行访问。在丹麦哥本哈根的时候，他们突然接到英国驻丹麦大使馆的电话，对方说你们要从丹麦去英国伦敦访问，我们

①《房学峰：还原"乒乓外交"背后的故事》，https://sports.qq.com/a/20150422/042330.htm。

②《房学峰：还原"乒乓外交"背后的故事》，https://sports.qq.com/a/20150422/042330.htm。

首相派专机来接你们，你们原来的机票可以退了。当时我国驻丹麦大使馆的大使都傻眼了，于是立即请示外交部。外交部请示周总理，周总理又去请示了毛主席，到底要不要乘坐专机去英国进行访问。

作为队员，听到中央同意大家乘坐专机去英国访问后，刁文元很高兴，行程中拍了很多照片。专机舒适、整洁、安静，节约了很多时间，空姐服务热情周到。飞机抵达伦敦后，并没有降落在民航机场，而是降落在一个军用机场，一辆大巴车停在飞机旁边。大家下了飞机也没进海关，而是坐上大巴车直接到了唐宁街10号首相府。刁文元说，那时候年纪轻，受到这种隆重的待遇，心里又紧张又期待。然而，让他没想到的更为隆重的是英国安妮公主接见了访英的中国乒乓球代表团，而最后的高潮出现在12月14日，英国的希思首相以下午茶的方式接待了中国乒乓球代表团。当时餐厅里大概有100人，刁文元及代表团的其他队友们都身穿中山装，对着餐台上品种繁多的奶酪看花了眼。当时只是听说英国首相会参加冷餐会，但是找了半天都不知道哪一位是首相，只看到在场的英国人都拿着酒杯在聊天。后来就看见吧台旁边，有一个人站在小凳子上，拿着一瓶香槟，用开瓶器敲得当当响，用英语讲了一句话。翻译说，这是让大家安静一下，英国的首相希思要给大家讲话。

这时只见一位年长者从人群中走出来，刁文元一看，刚才这位就站在自己身边，原来他就是希思首相。希思首相首先祝贺中英两国球队比赛成功，并且指出，中国乒乓球代表团的到访将加强中英两国的友好关系。他说："英中两国关系有了很大的改善，我非常高兴。"

之后中国乒乓球代表团先后乘坐专机到英国爱丁堡、曼彻斯特、伯明翰和北爱尔兰等地访问。每到一地，中国乒乓球代表团都会与当地的乒乓球队员开展一场友谊赛。英国人和当地华侨一听这是首相用专机请来的中国乒乓球代表团，都表现出了极大的热情，所有比赛都是场场爆满，一票难求。

在第一场乒乓球比赛开始之前，中国驻英国的代办让代表团所有队员一起商讨如何打这第一场球。当时的中英团体对抗赛是9盘5胜制，本着"友谊第一，比赛第二"的精神，最终中国队以5∶2的大比分赢下了比赛。

在此次访问结束后不久，中国和英国就建立了大使级外交关系。从"乒乓外交"开始的1970年底到高潮的1973年间，有多个欧洲国家和中国建立了大使级外交关系，如意大利、圣马力诺、奥地利、比利时、冰岛、马耳他、英国、荷兰、希腊、联邦德国、卢森堡、西班牙等。在此期间，中国和很多国家建交的序曲，都是从中国乒乓球队的出访，或者外国乒乓球队的来访开始的。

中国与欧洲关系得到根本改善，也是"乒乓外交"的重要组成部分，这对于中国与世界的意义，不亚于中美关系的改善。

非洲球员战胜了"中国队"？

中国乒乓球代表团去马达加斯加、突尼斯、西班牙等国进行访问时，刁文元任代表团副团长兼运动员。到达非洲后，一行人受到非洲国家领导人的接见。

非洲人的传统优势项目是足球和田径，他们在这些项目上取得过骄人的成绩。但是那个时候非洲的乒乓球运动人口基数小，发展时间短，整体水平较低。人们对乒乓球的了解非常少，观看乒乓球比赛的习惯还没有形成，"懂球的人也非常少"。他们把乒乓球叫作"桌上网球"，认为乒乓球打法和网球没有区别。真正会打乒乓球的人寥寥无几，乒乓球台、球、球网、球拍等设施都很少，更别说其他方面了。他们有时候甚至要借助中国大使馆和日本大使馆的球台，才能完成重要比赛。

虽然各种设施还不完善，但是非洲人对乒乓球的热情依然高涨。中国乒乓球代表团到达非洲后，当地掀起了打乒乓球的热潮。由于没有固定的全国联赛，也没有随处可见的俱乐部，有的时候扎伊尔乒乓球技术比较好的球员就到中国的大使馆，与工作人员约球比赛。有一次，扎伊尔的乒乓球运动员与中国大使馆的工作人员在球台

中国乒乓球代表团在非洲马达加斯加首都合影（左起依次为刁文元、傅永石、马达加斯加国务秘书长、金强、史司林）

上打得难解难分，最终扎伊尔的运动员赢了。这不仅让球员们喜出望外，还登上了当地报纸的头条，标题竟然是《庆祝扎伊尔球员战胜了"中国队"！》。

在刁文元看来，"乒乓球太难学了，速度、旋转、力量、落点和变化缺一不可，学习者很难坚持下来，而外行人又看不出门道"。中国集中了世界最高水平的乒乓球人才，国家派出了许多高水平的教练，深入各个国家的基层去做好乒乓球教学普及工作，加大人才输出，让更多的人了解和喜爱这个小球，夯实群众基础，让乒乓球在世界各个角落生根发芽。

经过多年的努力，现在非洲的乒乓球运动已经开展得非常顺利，如埃及的乒乓球技术已经大幅提高，有的时候在比赛中还会给我们造成一定的困难。我们不仅宣传了乒乓球运动，还加深了同其他国家人民的友谊。小小的乒乓球，实际上也是友谊的使者。据刁文元回忆，他一共去过五六十个国家，每到一地，都积极向当地推广乒乓球运动，传播乒乓球文化。

乒乓情未了

乒乓球伴着刁文元的人生历程，从家乡到省城合肥，又从省城合肥到首都北京；经历的比赛规模从学校比赛到全省比赛，再到全国比赛，最后到世界级大赛。小小的乒乓球和一只方形球拍，伴着刁文元远渡重洋，陪伴他在国外执教24年。

80岁拉弧圈球的老刁

在一般人眼里，年逾八旬，安度晚年，就算能生活自理，也可能有点老态龙钟，至少腿脚不那么利索了。但是，看到80岁的刁老师打球时灵活的动作、红润的面庞，我们很难相信他的真实年龄。

宝刀未老，豪情犹存。80岁的刁老师凭借敏捷的反应、娴熟的手法以及灵活的步伐和跑动、多变的发球和落点、凌厉的攻球和巧妙合理的击球，掌控着场上主动权，依稀再现了当年叱咤球场的潇洒身姿。

规律的锻炼时间是保证良好体能的基础。年已八旬的刁老师每周至少有3次骑自行车往返于安徽师范大学两个校区（相距约7公里）以及回家的路上。在训练课中，他身体力行为学生示范乒乓球高难度技术，其充沛的体能和扎实的技术，无不让在场的学生钦佩不已！

从欧洲执教结束回国后，刁文元到安徽师范大学担任客座教授，负责教授体育学院运动训练专业乒乓球专项班。他倾尽一生所学所得所悟，普及乒乓球理论和技艺，精心培养下一代人才。他用自己多年积累的一线教学经验为乒乓球专项班的学生提出了针对性的意见与建议，通过对学生进行发多球练习，找出每个学生自身的技术不足并加以改正。在刁文元的指导下，每个学生不仅在自身能力上有了较大的提升，同时也增强了坚持、拼搏的意志，各自掌握了与自身相匹配的打法，并且明确了今后的努力方向。

刁文元对乒乓球的热爱不仅表现在球场上，更深入生活的各个方面。他还给自己专门设计了一个个性签名，红色的乒乓球拍上，"刁文元"三个字线条流畅、布局合理、造型巧妙，给人以强烈的视觉冲击力，让人耳目一新、过目不忘。

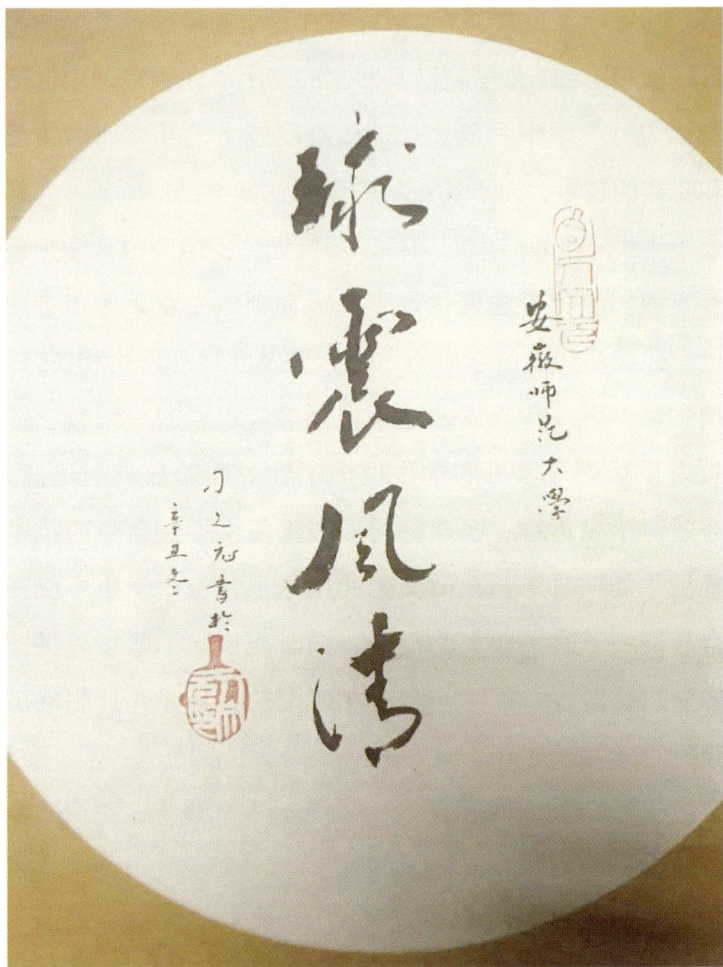

刁文元书法作品（左下角为其个性签名）

人到七十古来稀，刁文元的大女儿刁庆、小女儿刁意都在国外，他自己的家在合肥，身边不少人都劝他去旅游，或在家享受天伦之乐，但他始终放不下从事了几十年的事业。刁文元说，乒乓球就是他的"天伦之乐"，没有儿孙在身边陪伴，有球足矣！"乒乓球已经融入了我的身体和血液。每天打打球，让我感觉整个人都年轻了许多，一天不拿球拍手就痒痒。"他说，只要自己还能骑得动自行车就多带一天学生。"一方面带学生，一方面把自己执教的经验多和年轻教练员交流，希望他们少走弯路。"

小岗精神与刁大胆

2016年4月25日，习近平总书记在安徽考察期间，来到滁州市凤阳县小岗村重温小岗精神，他感慨道："当年贴着身家性命干的事，变成中国改革的一声惊雷，成为中国改革的标志。"改革开放40多年来建设发展的伟大实践和巨大成就，丰富和升华了以"敢闯、敢试、敢为人先"为特征的大包干精神，凝练成以"敢于创造、敢于担当、敢于奋斗"为主要内涵的小岗精神。①出生在滁州明光的国球名将刁文元，血液中也深深地烙上了创造、担当、奋斗的小岗精神。

刁文元15岁离家，在球场上拼搏、奋斗60余载。他一生与乒乓球结缘，有着传奇般的乒乓球人生经历。从省队队员到国家队陪练再到国家队主力队员，从国内教练到国外教练，再到国内大学体育学院教授，他走了一条独特的不同凡响的人生道路。回顾成长经历，刁文元认为他的一切都离不开他的胆大敢闯。

刁文元笑称，自己小的时候就"无法无天"，捅马蜂窝、抓蛇的事情没有少干，自小就有一个雅号"刁大胆"。等到成年后，这种"不安分"的举动随着经历的丰富不减反增。

刁文元祖父是村里的医生，在耳濡目染下刁文元对医学很感兴趣，并自学了很多医学知识。在国家队时，他还曾成为队里的"赤脚医生"，在治别人之前，先对自己下狠手。刁文元患有鼻炎，每次发病的时候除了鼻塞流鼻涕之外，有时还出现发热、头痛等症状。等到队里开会不用训练的时候，刁文元就找到上迎香穴和下迎香穴，

---

① 《以"小岗精神"续写新阶段辉煌》，《滁州日报》2021年9月1日第1版。

用针灸治疗。等会开完后，再把金针拔下来，鼻炎的症状就会缓解。初次试验即见效，这让刁文元的信心大增。

刁文元和许绍发同为国家队队员，有一天早上，许绍发肚子疼得动不了，没有办法参加训练。看到许绍发疼得在床上直冒冷汗，征得许绍发同意后，刁文元二话不说，挽起袖子，拿起金针，对着他的足三里穴就扎了下去，两针过后，许绍发直接晕了过去。等他悠悠转醒后，发现肚子不疼了，但是人中处出血很痛，原来是刁文元为了急救，把他的人中处掐破了。待到许绍发了解到刁文元是刚刚自学针灸不久，身上冷汗直冒。他找到刁文元说："刁文元啊刁文元，才学的针灸你也敢下手，你真是个刁大胆！"这件事情后，刁文元又有了一个新的绰号"刁一针"。

除了生活中胆大敢于尝试外，训练中的刁文元也是胆大敢于担当。

1961年4月，在北京第26届世乒赛上，日本人第一次在大赛中使用弧圈球技术，使整个乒乓球界耳目一新，当时中国的乒乓球技术是近台快攻撞击球，防守切削球。看到弧圈球技术后大家都非常惊奇，认为这是一种开创，但当时的主流打法是正胶近台快攻，大家认为这才是世界先进打法，容国团、庄则栋、徐寅生、李富荣等，都是使用颗粒胶近台快攻，他们的打法就是潮流。弧圈球在中国只能当陪练，没有前途，大家根本不愿意尝试。

刁文元看到日本的弧圈球技术后，开始研究、模仿、自学，并结合自身特点琢磨出中国式的弧圈球打法。1962年全国乒乓球锦标赛中，刁文元和少数几个人使用了弧圈球打法。因为打法新颖独特，赛后刁文元被调入国家队担任陪练。1964年全国乒乓球锦标赛中，中国乒协硬性规定，各省市代表队团体赛上场队员中一定要有一名弧圈球打法的运动员。1972年，刁文元用方形球拍、反胶、弧圈球打法在中国历史上首次拿了全国单打和双打两项冠军，时年30岁。从1972年下半年开始，中国人对弧圈球有了新的认识。当时使用弧圈球的打法拿冠军，是不可思议的事。当时单打的前8名中除刁文元使用反胶以外，其他7名使用的都是正胶快攻，他们是郗恩庭、胡道本、周兰荪、王文荣、许绍发、王家麟、李鹏。赛后徐寅生总教练让郗恩庭改练反胶打法，8个月后郗恩庭拿了单打世界冠军。从那以后，打反胶、拉弧圈球的人在全国才慢慢多起来。

我们每个人都想成为那个光彩夺目的人，但是心甘情愿当别人的配角，则需要一种无比巨大的勇气和永不气馁的坚持。在中国体育界，"陪练"这个行当是个苦差，付出多、收入低、少有出头之日。在流了同样多的汗水，付出了同样多的青春后，陪练收获的却是深藏功与名。10年的陪练生涯，刁文元收获更多的是坚持和担当。并不是谁都有勇气甘愿奉献自己成就他人，在刁文元看来，在为他人奉献的过程中收获的，远比自己当冠军收获的多。

从1960年到1973年，刁文元曾"三进三出"国家队。他曾给当时的庄则栋、徐寅生等名将当陪练，前后总共10年时间。回到省队训练后他也有过短暂的灰心，但这并没有影响他进步，他很快就调整好心态，即使经历那么多糟糕的时刻，他也会对自己说不要放弃，依然坚持努力训练。比赛的时候，陪练没有上场的机会，但是选手在场上的每一个高超的动作，都是场下无数次和陪练练习的结果。徐寅生在自己的书中还专门写了一章《老刁，十年陪练当主力》，刁文元则笑称："十年磨一剑，一剑封喉！"

大赛前，队员们需要通过看照片、录像了解对手，刁文元则要在训练中模仿对手的特点。"我们就是模仿对手的打法，模拟对手的发球和快速多变的打法。"刁文元说，队员的打法可以自成一派，而陪练必须模仿各种打法。每天一大早，跟着主力队员出早操，然后训练一整天，晚上还要在房间看资料，揣摩动作，反复练习。"一天下来，发球估计能有上千次，到后面都觉得胳膊不是自己的了，晚上更是完全没有知觉。"

从陪练队员到国家队主力队员，刁文元始开先例。这位少年得志却又大器晚成的乒乓球国手走过了多年的艰辛历程。陪练生涯对一个运动员来说是一段漫长的等待，而"三进三出"国家队的经历也足以磨砺一个人的意志。刁文元凭着自己对乒乓球的热爱和坚强的信念，从省队到国家队陪练，再从陪练到全国冠军，几经浮沉终于迎来了自己的荣光。

刁文元在 1972 年全国五项球类运动会上一举夺得乒乓球男子单打桂冠，与队友李景光合作获得男子双打冠军。随后，在 1973 年全锦赛、1975 年第三届全运会上又续辉煌，分别获得单打亚军、单打季军，创造了我国至今保持的大龄成绩之最。后来他又多次代表国家出国参赛，成绩骄人。刁文元先后执教铁道兵体工队、意大利国家队、北京队、圣马力诺国家队和安徽师范大学乒乓球专项班，都结出了累累硕果，培养出了李隼等一大批知名球员。

刁文元说，就是喜欢打乒乓球，才能推动自己去做好这件事；就是因为酷爱，所以才坚持下去。而这一系列成绩的背后，凝聚了各种酸甜苦辣。不少人都或早或迟地离开乒坛，而刁文元至今仍执着地、无怨无悔地坚守着。他希望能继续推广乒乓球运动，为乒乓球运动注入新的文化内涵，丰富、发展和提升其内在价值，让其成为乒乓球爱好者的心灵契约和文化修养。他想把乒乓球事业一直做下去，希望国球事业永远灿烂辉煌！

回望来时路，刁文元感慨万千。他经常挂在嘴边的话是："没有共产党就没有新中国，哪里有新中国的运动员啊！没有祖国的强大，没有人民的支持和鼓励，我们能拿冠军吗？""中国乒乓球队长盛不衰，是一种无形的精神传承。队员们虽打法不同，风格不同，但是都不能脱离祖国的怀抱。"

几十年来，乒乓球不仅是刁文元的工作，更是他的心之向往。乒乓球带给刁文元的，除了健康的身体，还有一种赢得起也输得起的风度。多年来，他在为人处世上也像打球一样，沉稳大度，宠辱不惊。虽然他已退出国内观众视线，但是那份国球情缘仍然炽热。那些球场洒下的汗水，那些训练遗留的伤病，那些咬牙坚持的努力，那些深藏心中的梦想，都化作了他对国球事业的一腔眷恋！乒乓情是陪伴刁文元终生的情，是他终生不舍的情。

赞　曰：

嘉山巍巍，淮水汤汤。名曰文元，骏马天降。
少年胆大，恣意张扬。捉鸟打蛇，琴奏宫商。
知书识礼，痴迷桌网。逐梦珠城，意气非常。
缘由伯乐，泗水名扬。三进国乒，纸短言长。
苦练弧圈，冠盖金榜。拼争欧陆，三分救场。
桂冠交臂，英雄气昂。江河逐浪，势所难挡。
挂靴英年，执鞭教坊。青出于蓝，高足满堂。
大国使者，文化乒乓。意国改颜，力诺闪光。
廉颇能饭，再造辉煌。五登奖台，国球神藏。
初心未了，教授梓桑。东引西联，互访上庠。
风雨洗礼，感恩师长。赭津著述，聊叙衷肠。

注：嘉山，现为滁州明光市。骏马，刁文元先生属相为马。琴奏宫商，刁文元先生少年时曾经自制了一把胡琴，并学习演奏。桌网，指乒乓球运动。珠城，蚌埠的别

称。淝水，借指安徽省城合肥。欧陆，借指第32届世乒赛举办地南斯拉夫萨拉热窝。大国使者，刁文元先生是我国首批外派的教练员之一，在国外执教长达24年。意国，意大利。力诺，圣马力诺。廉颇能饭，廉颇老年依然征战沙场，借指刁文元先生6次参加世界元老乒乓球锦标赛，夺得两金两银一铜。初心，刁文元先生一直挂念安徽的乒乓球事业。东引西联，刁文元先生带领安徽师范大学乒乓球队访问日本、加拿大、意大利等国，交流和传播乒乓球文化。赭津，赭山和花津河，为安徽师范大学校区所在地。

第二篇

习文元
乒乓球散记

国球精神

勇於拼搏

刁文忠書於
壬寅夏

我与芜湖

我在芜湖已经有好几年了。许多朋友都问我，既然回国为什么不回北京？既然把家安在合肥又为什么选择在芜湖工作？除了已知的因素，我想说，漂泊非我本意，很多时候我并没有选择。我宁肯相信是芜湖选择了我，是安徽师范大学选择了我！我也有太多喜欢这里的理由。

我所教学的安徽师范大学位于闹市区，我的乒乓球俱乐部在校园的一角，多数时间我在俱乐部和学生、朋友们一起练球，也会一起吃饭、喝茶、逛街。芜湖是个很宜居的城市，像许多小城市一样，惬意但不慵懒。芜湖的城区也很喧嚣，但喧嚣得自然不奢华；街上的人也很匆忙，但忙得从容不倦怠。

安徽师范大学的大门正对着镜湖，精致而优雅的镜湖旁边就是步行街。我喜欢芜湖的步行街。世界上的步行街我走过不少，也曾流连于北京的王府井、上海的南京路、合肥的淮河路，也去过罗马、巴黎、纽约、伦敦……国内外的步行街都一样，大多在城市的中心，位于繁华的商

芜湖中山路步行街入口

芜湖中山路步行街主干道

业区，但靠着湖的却没有。我喜欢在芜湖的步行街悠闲地散步，倦了便走到镜湖边小憩一下，看路人走来走去，不用疲惫地倚在大商场的长椅上，而这浮躁与恬静只几步之遥。

在芜湖不一定要到大饭店吃饭。芜湖人喜欢在周末举家到街上吃饭，价钱不是问题，总有合适的地方，一点嚣张加一点淡淡的小资。渐渐地我也喜欢在街上不知名的小店吃东西，真的风味十足。菜市场旁边有个烤鸭摊，卖的鸭舌和膀爪我并不太爱吃，但卖烤鸭的师傅总是随意温温地招呼，吃了几次倒有些惦记他。

偶尔，我会一个人到江边散步，站在堤坝上看长江上的船只悠悠荡荡不知去向，看江上忙碌的人，想着他们的水上生活。江水静悄悄地流着，而我就只是这么静静地站着。

夜晚，打开住所的窗户，看着近处摇曳的树影，一阵风吹过面颊，凉凉的，几片叶子落在风中，头有些晕晕的，恍惚间竟不知自己在哪。我还分得清哪是家乡清凉的山风，哪是异国他乡那微带咸味的海风吗？在国家队征战多年，又在国外打拼了几十年，突然放慢的节奏竟让我有些不适应。我多年所追求的田园生活就这么得到了吗？我属于它吗？我的脑海里忽然响起了一首歌：

在我心中曾经有一个梦

要用歌声让你忘了所有的痛

灿烂星空谁是真的英雄

平凡的人们给我最多感动

再没有恨也没有了痛

但愿人间处处都有爱的影踪

用我们的歌换你真心笑容

祝福你的人生从此与众不同

把握生命里的每一分钟

全力以赴我们心中的梦

不经历风雨怎么见彩虹

没有人能随随便便成功

把握生命里每一次感动

和心爱的朋友热情相拥

让真心的话和开心的泪

在你我的心里流动

2007 年 12 月 12 日

弧圈球

一、弧圈球的发明

大约在 20 世纪 50 年代末期，出现了一种黏性特别大的反胶海绵球拍，使用这种球拍可以打出各种强烈旋转的球。当时很多采用以旋转为主要打法的运动员改用这种球拍，许多国家的乒乓球人士都积极研究各种新的旋转技术。1959 年，日本在第 25 届世乒赛中获得六项冠军，但男子单打冠军却落在中国人之手。此后，他们为了寻求对付中国近台快攻的办法，在 1960 年创造了一种可制造强烈上旋的拉球技术——弧圈球。这使得世界乒坛上的速度与旋转之争进入了一个新的阶段。由于日本人习惯站位较远，加上强烈上旋球有加大飞行弧线弯度的特点，使得这种球的飞行弧线极高并且显著弯曲，犹如半个圆圈，弧圈球便由此得名。

日本人首先将这种技术试用于对付匈牙利和南斯拉夫

的选手，效果很好，因此引起我国乒乓球界的高度重视。当时，我国代表队很快选定一批优秀运动员改打弧圈球，对弧圈球的特点和应对策略作了详细研究。所以，我国运动员在第26届世乒赛中胸有成竹，针对日本弧圈球的弱点，以积极主动、快速进攻、先发制人的战术取得了三项冠军。而日本队则将上届世乒赛取得的六项冠军丢掉了三项。像日本弧圈球这样重大的新的旋转技术，在首次用于世乒赛中就遭到严重挫折的例子，在乒乓球运动史上还是极少见的。

二、欧洲横拍弧圈球

欧洲自从在1952年举行的第19届世乒赛中失去男子单打锦标以后，成绩日趋下降，曾经一度处于落后状态。但他们经过10多年的努力，把日本弧圈球技术和中国快攻的特点相结合，并保留欧洲人习惯的横拍握法，逐步形成了一种上旋强度大、速度快、正反手都能拉的欧洲横拍弧圈球技术。欧洲弧圈球技术又分为两种类型：一种是快攻结合弧圈球，即以快攻为主，同时与拉弧圈球技术相结合，可以瑞典的本格森为代表；另一种是弧圈球结合快攻，即以弧圈球为主，同时具有一定的快攻技术，可以南斯拉夫的斯蒂潘契奇为代表。这两种打法都兼有弧圈球和快攻的优点，加上中国在20世纪60年代后期曾经停练数年，日本也一度处于青黄不接后继乏人的状态，故欧洲乒乓球在进入20世纪70年代后开始有了起色。在1971年举行的第31届世乒赛中，瑞典的本格森夺回了欧洲已经连续失去19年的男子单打锦标，匈牙利的克兰帕尔和约尼尔合作获得了男子双打冠军。在1973年举行的第32届世乒赛中，欧洲又取得两项半冠军：瑞典为欧洲夺回了已经连续失去近20年的男子团体锦标，瑞典的本格森和约翰森合作获得了男子双打冠军，罗马尼亚的亚历山德鲁和日本的横田美穗合作获得了女子双打冠军。在1975年举行的第33届世乒赛中，欧洲夺得三项半冠军。这一个个的胜利，标志着以旋转为主的打法又一次登上了世界乒乓球技术水平的高峰。

三、中国直拍弧圈球

在日本人20世纪60年代初发明了弧圈球技术并在和匈牙利及南斯拉夫的比赛中取得胜利以后，我国乒乓球界立即将弧圈球技术引进中国。我国直拍快攻运动员在掌握了弧圈球技术之后，保留了原来站位近、速度快、线路活、落点变化多，以及善于结合快速进攻和反手推挡等特点，形成了具有中国特点的中、近台直拍弧圈球技术。20世纪70年代以后，我国已拥有世界一流的直拍弧圈球运动员，其中有代表性的是1973年第32届世乒赛中获得男子单打冠军、擅长直拍快攻结合弧圈球的郗恩庭和1972年被国际乒联公布为世界第四号种子的直拍弧圈球结合快攻的刁文元。继他们之后，弧圈球技术在我国广为普及，大批后起之秀成长起来，其中比较突出的有第36届世乒赛男子单打冠军郭跃华和女子单打亚军曹燕华等。

2008 年 1 月 5 日

我眼中的徐寅生

圈内人都知道徐寅生教练对我有知遇之恩，我的巅峰时期得益于他的点石成金之笔。一名教练对队员的影响不仅限于事业上，也包括做人方面。徐指导的人格魅力是我望尘莫及的。

1966年12月，我随国家队去瑞典参赛，徐寅生任教练。下飞机后转乘专用大巴车去比赛驻地，当地室外气温–4 ℃，天还下着雨。因天冷路滑，我们的车在经过一座大桥时刹车突然失灵，连撞四辆小汽车后，又蹭到桥栏杆，弹回路边才停下。事情来得太突然，队员们毫无防备，都吓得愣了神。当时车内行李甩得到处都是，慌乱中我的头不知碰到哪里，撞了个大包，我吓得捂住脑袋，不知所措。徐指导迅速查看并询问了大家的情况，当看到我狼狈的样子，他一本正经地对我说："刁文元，看我脸。"我连忙起身看了看他的脸，没发现有血和伤，就回他："您没受伤。"徐指导说："仔细看看。"我又认真看了一遍，肯定地说："没外伤！是不是内伤啊？"徐指导再说：

"看我像谁?"我一脸茫然。徐指导说:"我像佛,我是佛像(福相),专门化凶为吉。"看着他站在那儿,笑嘻嘻地晃着胖乎乎的脑袋,那大头、大脸、大耳和小眼,分明一副慈眉善目弥勒佛的模样,我不禁会意地笑了。听了我们的对话,大家回过神来,都跟着笑了起来,气氛顿时轻松了许多。恰巧这时瑞典的交警上车,见我们一车人出车祸还在傻笑,还以为我们脑子撞出毛病了呢!

徐指导就是这样一个人!关键时刻,他往往能做出一些出人意料的举动缓解紧张气氛,言语幽默而又充满智慧!

2004年,徐寅生与刁文元合影

1972年冬天，我和徐指导一块去欧洲，途经罗马尼亚换机。布加勒斯特机场当天天气很差，云层厚，能见度低，我们乘坐的飞机在机场上空盘旋近一个小时降不下来，最后飞机准备紧急迫降。当时机舱里颠得很厉害，透过舷窗外面什么都看不见。机舱内气氛很压抑，所有人都紧张地坐在座位上，不敢发出一点声音，耳边灌满了飞机吱吱嘎嘎的声响，感觉它就要散架一样。

第一次经历这种阵势，我感到了从未有过的恐惧。我看见一名空姐闭着眼在胸前划着十字，再看看身边的徐指导，他正若无其事在翻着画报。我实在忍不住，凑过去小声地问："万一出事家里怎么办呢？"徐指导头都没抬，很干脆地说："老婆改嫁。"我接着问："我还有孩子呢？""拖油瓶（随继父）。"徐指导想都没想回道。看他这么镇定自若，我稍稍平静些。我知道他和我一样也有老婆孩子，心里嘀咕："你还真想得开！"就这样提着心等着，心里胡思乱想，时间也仿佛凝固了一样过得很慢。

不知过了多久，飞机终于迫降成功。停机后我看见飞机两边飞奔过来四辆消防车，停机坪上还有集合待命的部队、警察、消防人员等，好大的救援阵势！这时乘客们都松了一口气，机舱内顿时活跃起来，大家的脸上都挂着一种劫后余生的喜悦。庆幸之余，我偷偷看向身边的徐指导，他还是刚才那副漫不经心的表情。我嘴上没说什么，但心中的敬佩之意油然而生。他那种淡定的神态和将生死置之度外的大将风度给我留下了极深的印象。

受徐指导影响，从那以后，无论遇到什么事，我都刻意保持着临危不惧的风范。有时遇事我也会说："砍头不过碗大的疤。"其实是跟徐指导学的。

2008 年 1 月 13 日

乒乓球手训练注意事项

首先要明确认识乒乓球运动的基本规律：乒乓球运动是通过速度、旋转、落点、力量、变化五点的结合运用从而体现水平的高低。要在练习和比赛中不断充实、完善这些必要的因素，才能提高技术水平。

第一，训练要具备几个条件：（1）训练场地；（2）训练对手；（3）训练时间；（4）训练内容（教练）。缺少其中一个都可能造成走弯路或停滞不前。

第二，每位球手都应有一个基本打法。打法有六大类：（1）快攻；（2）快攻结合弧圈球；（3）弧圈球结合快攻；（4）两面拉弧圈球；（5）削中反攻；（6）左削右攻。每个人根据综合条件确定偏重某一类打法为宜。

第三，练习中不能光练正手、反手，还要练发球、接发球和搓球。各种基本技术必须结合起来。步法是乒乓球的生命，更不能忘了练。

第四，训练内容和训练方法要根据每个人不同的打法、水准、体质、年龄来灵活安排，避免光记分比赛不练基本功，或光练基本功不会打比赛的问题。

第五，训练中还要注意适应对手的问题，这是衡量水平的一个方面。如对左手持拍、弧圈球、长胶、生胶、削球、快攻等都要适应，否则会造成在比赛中紧张、发挥失常等问题。

第六，许多选手热衷于新技术的学习，放弃了本已运用相当成熟的基本技术，也容易产生新问题。比如一味运用直拍横打，轻视传统的推挡技术，就会导致攻防失衡。

我是从 10 岁开始接触乒乓球的。现在的孩子最早可从 5 岁开始，但早晚也只是时间问题，晚不一定就不出成绩，关键在于自身的勤奋与天赋，还有机遇。

我没有机会现场和网上球友进行练习和比赛，所以无法提出针对性的练习内容，或指出存在哪些问题。欢迎大家提出具体问题和意见，以便与球友共同探讨。

祝大家春节快乐！

2008 年 2 月 5 日

怀念队友李景光

今日除夕去影院看了电影《集结号》。回家路上，看到街角偏僻处有许多人在烧冥纸。每到重要的传统节日，人们还是习惯用这种方式寄托对先人的哀思。热闹的鞭炮声中，或明或暗的堆堆火光和火堆边婆娑的身影，让我不禁追思起故去的亲人和朋友。联想到《集结号》的场景，忽然就想起了景光。

景光不幸坠楼已有些年头了，大家现在都还经常念起他。他的病始于1973年的一次大赛。一场意料之外的失败，使他长期过于紧张而劳累的身心突然崩溃。当时只有圈内少数人知晓根底。

景光是唐山人，1.82米的个子，身板壮实，一看就是老实人。他是个左撇子，手长腿长，打球反应快，手感好，是当时公认的乒乓球奇才。

景光还特聪明，他是队内的"模仿秀"高手，会惟妙惟肖地表演多种人物和方言。那时训练之余，我们一帮年轻人经常在一起自娱自乐，琴棋书画，各显神通。

1977年，刁文元（右）与李景光在首都体育馆大门口合影

景光为人憨厚，在圈内的人缘有口皆碑，不管哪路"人马"都念他的好。自1971年他任国家队男队队长直到生病退役，我和他在国家队相处十几年，从没见他和谁红过脸。有一次他老家河北的朋友送来一箱大雪花梨，说是以前的贡品，一斤一个。我们都嚷嚷着去他那尝鲜，他说："我爱吃这梨核的酸味。"大伙就一股脑儿把梨的中间切给他，他还是憨憨地笑笑。

1995年天津世乒赛，我俩常一起看球。一次，景光问我："天津这馆多大？"我说："一万三（指座位数）。"景光又问："人满了吗？"我答："没有。"他摇摇头说："想当初，你我在首都体育馆比赛，一万八，座无虚席。你侧身跑到正手位后反手大力抽杀得分，全场无声，但观众嗑牙花子声此起彼伏。不像现在，乱吵吵……"我说："今非昔比，鸟飞人换……当初亚非乒乓球友好邀请赛上，我俩双打对非洲哥们儿，比赛一开始你接发球五板5：0，我站在旁边没事干，直冷得慌。"他咧开嘴笑了。

回想1971年名古屋第31届世乒赛团体决赛，景光打伊藤（上届世乒赛单打冠军），21：6、21：3，比分悬殊。那时景光是中国队的一号主力。曾有一段时间，对他的宣传和待遇总不尽如人意，私下我们都替他抱不平，但景光不作声，只是苦笑。

斯人已逝，音容笑貌尚留心中。过年了，以此文悼念他。

愿他在天国能够轻轻松松、开开心心地笑！

2008 年 2 月 17 日

乒乓球何以被称作国球

2008年3月7日，合肥高新区朗坤公司邀请庄则栋和我为朗坤乒乓球俱乐部揭牌。在座谈会上，记者及各方球迷提出很多关于乒乓球的问题。有人提出，是谁把乒乓球定为国球，而不定其他球？如果把篮球、足球定为国球，是不是我们现在大球的水平也上去了呢？庄则栋让我回答。我根据自己多年在体育界的摸爬滚打、所见所闻以及自身经历，总结了以下几条：

第一，新中国第一个世界冠军是乒乓球运动员获得的（容国团）；

第二，中国第一次举办世界单项体育赛事是乒乓球项目（1961年第26届世乒赛在北京举办）；

第三，中国人第一个在国际单项体育协会（国际乒联）任主席的是乒乓球项目（徐寅生）；

第四，中国第一个世界单项三连冠也是乒乓球运动员获得的（庄则栋，1961年、1963年、1965年）；

第五，中国的体育项目50年长盛不衰的唯独乒乓球项目；

第六，乒乓球项目能为国家政治、外交服务。

我讲完以后，全场热烈鼓掌，庄则栋也站起来为我鼓掌。我想我讲的不光是与庄则栋有关，而是我尊重历史。

2008 年 3 月 13 日

"大球"时代"相持球"的训练

"大球"是徐寅生任国际乒联主席时的一个重要改革举措。如果乒乓球不改成直径40⁺毫米，今天的比赛就不会这么精彩，因为现在的乒乓球相比以前直径38毫米的球，在速度、旋转、力量方面都减弱了 5%～8%，让我们记住国际乒联终身名誉主席徐寅生！

一、多球训练与实战结合问题

先讲多球训练的由来。1965年，世界冠军日本女排队访问中国。教练大松博文带来了排球多球极限训练法。当时大家看后得到启发，从而将其运用到乒乓球训练中，逐渐推广至今。

最早使用多球训练的是国家青年队教练李光祖和女队教练梁友能（1965年）。我1978年在意大利任教，第一次用多球训练他们时，意大利乒乓球界感到很惊奇。他们说："这么好的训练方法，我们怎么琢磨不出来！"其实中国在 13 年前就已经练上了。

多球训练法在掌握基本技术、单个战术，增强体能（专项）等方面，都有事半功倍的作用。它能在短时间内让运动员提升球感，稳定动作，掌握要领。

它的缺点是：没有对抗，没有变化，没有实践，不宜多打，最多不能超过训练总时间的 30％，否则会削弱判断力和反应速度，造成练、赛脱节。每个人的水平、技术、战术、打法、心理、体能、条件等都不同，训练方法应该因人而异。

二、"相持球"的训练方法

"相持球"是双方优点对优点，或缺点对缺点，球在运行中难分难解，双方都无优势可言的简称。"相持球"是比赛中水平接近的双方常见的场面。

相持是基本功的较量，也是心理素质的比拼。步法是乒乓球的生命，心理是乒乓球的灵魂，而最难练的就是心理（一言难尽）。

相持离不开旋转、落点、力量、速度、转换。谁都知道随机应变，果断变化，"快"字当头，抢先一步就能占据主动和优势，但这些都需要心理和技术的支撑。

　　在这里我只能宏观地谈谈。乒乓球技术很多地方类似武林功夫，无法言传，只能意会，所以自古有"师傅领进门，修行靠个人"的说法。

2008 年 3 月 22 日

会 友

2008年8月1日晚，几位北京的友人请我在民族宫参加晚宴，他们是20世纪70年代北京工人乒乓球队的石如珍、叶嘉麟、王世魁、张嘉吟、张希曾、屈留怀等。席间我们畅谈过去。记得1972年全国五项球类运动会乒乓球比赛，我与大郗（郗恩庭）决赛前还到首都体育馆门口送了12张票给他们，他们当时真怕耽误了我比赛。

晚宴后，我们在民族宫礼堂观看了"庆祝建军81周年名家音乐会"，有许多老一辈的著名歌唱家和艺术家参加，如刘秉义、李光羲、马玉涛、耿莲凤、王丽达、王静等。一首首耳熟能详的歌曲把我带到了40年前，带到了那个年代。即兴作小诗一首抒发情感：

国球友情四十年，
名利沉浮一笑间。
故人酌酒述往事，
歌舞升平奥运年。

2008年8月8日

瑞典乒乓球成绩为何在欧洲最好

第一，瑞典规定，得世界冠军者可减免个人所得税等；其他国家没有。

第二，20世纪60年代获村曾在瑞典队任教，在步法移动、动作规范、扎实基本功方面使瑞典队受益匪浅，所以之后才能出现本格森、约翰森、瓦尔德内尔等一批优秀运动员。

第三，瑞典我去过多次，那里的群众乒乓球基础很好，打球的人很多。瑞典地处北欧，有8个月左右的漫长寒冷的冬季，日照时间很短（4~6小时），适合室内体育活动（如乒乓球）的开展。

第四，斯堪的纳维亚国际乒乓球锦标赛有小世锦赛之称，每年举行一次，有力地推动了瑞典乒乓球运动的发展。

第五，20世纪70年代瑞典乒协曾有意请我去执教瑞典女队，因为历史上瑞典女队从未强盛过，但因一些原因没有成行。这说明瑞典乒协很在意他们的整体水平，愿意引进先进的训练方法。但他们的男队不请外援教练，只有日本荻村一例。

2008 年 10 月 16 日

心忧乒乓

现在乒乓球比赛经常会出现运动员比观众多的局面，即使是当今最高水平的赛事，此现状令人担忧。没有观众的运动迟早会被逐出奥运会，女垒就是一例。不改，乒乓球离被逐出奥运会也不会远了。

前不久，有学生向我请假去上海看国际网球大师赛。以前上海举办世乒赛他们都不去，现在却要去看网球赛，原因是网球赛好看，乒乓球赛不如在家看电视。

世界上大约只有中国把"桌上网球"（Table Tennis）称为乒乓球，按国际标准应称"桌网"。

桌网和网球的价值与影响差距一直在扩大。桌网与网球一字之差却是天壤之别，值得我们反思。看乒乓球比赛的观众越来越少，看网球比赛的观众越来越多。

2009年初澳网大赛，美国的小威廉姆斯获女双冠军，单打进入决赛，她的奖金已达2273万美元，而最近在科威特举办的国际乒联职业巡回赛的总奖金只有澳网大赛的百分之一。

2008年中国女网选手郑洁捐出参加一次大赛所得的全部奖金37.3万美元给灾区，全国各项目职业运动员都记住了郑洁与网球。

2008年广州第49届世乒赛男团半决赛，观众上座率只有75%；2009年科威特国际乒联职业巡回赛，观众寥寥无几，场面尴尬。

2009年2月17日下午2：30，中央电视台体育频道转播科威特国际乒联职业巡回赛男单半决赛，王浩对波尔。我统计了第五局得分，比分11：9，王浩领先。一局共20分，有14分是接发球失误或被轮一板结束，有2分打了3个来回，有3分打了4个来回，有1分打了5个来回，70%是一板球，精彩吗？如果你是老板你赞助吗？值得思考！

实际上，我看到50多年来乒乓球改革从未停止过，例如，单胶皮—厚海绵—海绵胶—合力发球—抛起下降发球—无遮挡发球—大球—11分制—无机胶—拍面不同颜色—胶粒的规范。改革的目的是让该项运动更精彩，有更多人看、更多人参与。

我曾提示：网高点，球大点。意思是速度慢点，旋转弱点，来回多点，比赛会更精彩一点。对于怎么改，有不同意见很正常，但是改革势在必行，只是时间问题而已。

有的网友说我老了，糊涂了，说我外行。我只能说：老，谁都会老；糊涂，我还未到时候；外行，我有秀才遇到兵的感觉。

国人不要担心乒乓球改革会使中国失去优势、失去辉煌，我坚信改革会给中国的国球带来更大的辉煌，因为历史已证明了。1961年第26届世乒赛男团决赛徐寅生对日本星野，打了12板；1973年第32届世乒赛男团决赛李景光对日本高岛，第9盘决胜局打到20：19的赛点，这时时间到，采用轮换发球，打到第12板的最后一板时，高岛大力反攻命中，但景光防御成功，高岛摔倒。打满盘数，打满局数，打满分数，打到时间，打到最后一球，几十年过去了，球迷们还津津乐道，记忆犹新。

一个运动员在球场上打出一个精彩绝伦的球，观众往往会记住他一辈子，成绩和记录相比之下都显得苍白无力。

历史的车轮——改革创新！

2009年3月8日

辉煌瞬间

1972年，全国五项球类运动会乒乓球单打决赛中刁文元反
手奋力抽杀

1972年，全国五项球类运动会乒乓球单打决赛中刁文元发
球瞬间

上面两张照片是《人民日报》资深记者许林先生拍摄的，感谢许林先生。

38年前，许林先生拍摄这两张照片的历史意义在于：它们展示了自新中国举行全国乒乓球比赛以来，在1972年有人首次用方形球拍（日式）夺得全国单打冠军，这也是中国乒乓球历史至今的唯一纪录。弧圈球打法也是首次在全国取得冠军，这对当时全国绝大多数人都使用正胶快攻和横拍削中反攻打法来说，有些不可思议，但对全国普及弧圈球打法确实有很大的开拓和促进作用。因为那时全国乒乓球界权威人士大都认为弧圈球不是先进技术，正胶快攻才是世界的正统先进打法。打反胶的寥寥无几，打方形球拍的就我与大余（余长春）两人。实践是检验真理的唯一标准。现在正胶快攻已无法立足，弧圈球几乎取代了一切进攻与防御，旋转在当今已成为主导。历史在发展，发展是硬道理。

许林先生拍摄的这两张照片，展现了当时首都体育馆的观众场面和那时的乒乓球人气，并且对场内教练、领队和工作人员的表情，赛场选手拼搏的气氛，运动员的舒展腾空动作和我使用的日式方形球拍都抓拍得恰到好处。这是难得的摄影作品，再现了乒乓球历史的辉煌瞬

间。照片是最有力的证据，更多的时候它能给你一个思
念。这两张照片使我回首青年时代的往事时，能够再次
重温那美好的曾经，感悟人生瞬间那宝贵的机遇。每个
人都有过美好辉煌的瞬间，只是所处的位置不同罢了。
照片等于证据、历史、生活、记忆。

2010 年 2 月 11 日

话说长胶

近年来，我国业余乒乓球群体中，特别是50岁以上、球龄不长的球友中使用长胶的人越来越多。相反，在现役专业球员中却很少发现使用长胶的选手。

这一情况表明：技术发展到一定阶段，长胶即暴露出性能存在局限性和无法主观变化的缺点，所以现役球员中极少有人使用。但是由于长胶具有速度慢、对旋转不敏感、好控制、打法省力、"反向"旋转强、在击球时上下旋转差异很大、对手较难适应等优点，初用长胶的选手在短时间内可以大幅度提高水平和成绩，所以现在使用长胶的打法处在两极分化中。

在国际乒联允许使用的长胶之外，很多痴迷长胶的球友，用自己的智慧制作、加工出了一些山寨长胶，击球时旋转能增加10%以上，也更具飘忽感。使用山寨长胶，如果是自娱自乐、健身休闲未尝不可，但如果参加正式比赛就不符合规则了，也不公平公正，这种胶皮国际乒联是不给注册的。如果比赛中一方对另一方使用的胶皮产生异议，应双方交涉并提交裁判处理为好。在正规比赛中，裁判一经发现有人使用自制长胶投机取巧，将取消其现场比赛资格并记录在案，下次比赛作为重点检查对象。几年前意大利全国比赛中这种情况我目睹多次。有法不依、执法不严以及"黑哨"对体育的发展都是不利的。

1960年，张燮林在上海（华东区五省一市）集训队中偶然发现了一块上海双喜厂生产的淡绿色半透明胶皮，胶粒稍长，他贴上一打，便很轻松地战胜了所有在上海集训的对手，这就是中国乒乓球历史上的第一块长胶。当时我在上海与张燮林是队友，本来我就打不过他，自从他使用长胶以后打得我一点脾气也没有。随后在全国调赛中，张燮林又轻松战胜了国内各路高手，唯独在与容国团的比赛中失利。那场比赛50年后的今天我仍然记忆犹新，当时容国团第一局进攻频频失误（10：21），以0：1落后。第二局开始，容国团几乎一球不攻，改用搓球战术，以守为攻，用搓转与不转，迫使张燮林击球连连失误，最后以2：1反败为胜。那时候这场球作为经典战例我们常常议论。容国团在1959年第25届世乒赛单打决赛中对阵匈牙利西多①也是用此战术夺得中国的第一个世界冠军。

后来全国使用长胶的知名选手有（女子）林慧卿、郑敏文、葛新爱，（男子）梁戈亮、黄亮、陆元盛、王俊、姚振绪等。

从1961年开始，长胶被中国队定为"秘密武器"，并有严格的管理保密措施。直到20世纪70年代末国际乒联规定：第一，球拍两面必须是红、黑两种颜色，发球时球拍必须在球台台面以上；第二，比赛前双方运动员可互看球拍；第三，比赛开始直至结束双方运动员的球拍必须在裁判员的监视之中，未经允许不得调换。这三条规定促使长胶在高水平的竞技中逐步退出舞台。今天，长胶在专业球员中也很难找到。

据相关资料统计，使用长胶在全国锦标赛中获男子单打冠军者仅1961年张燮林一次，这是值得乒乓球爱好者思考的一个课题，如长胶变化单调、不能主动改变规律，适应后无法走出被动局面，发球不转，攻球极难控制，等等。

---

① 西多使用两面单胶皮球拍近台削中反攻很有天赋，40岁仍取得世界亚军，打法很独特。

历史上还有一场值得回忆和思考的比赛，那就是1958年容国团在广州获全国乒乓球锦标赛单打冠军，但在团体赛中输给了徐寅生。我有幸在现场观看了那场比赛，当容国团用转与不转的发球和搓球制造机会进攻，徐寅生搞不清楚旋转时，急中生智巧妙地利用当时"海派"的直拍反打技术，改用直拍反面木板削和搓，使得容国团频频失误。最终徐寅生以2∶1取胜。

木板击球与长胶性能基本是相同的，20世纪五六十年代，我们都会用直拍反打（直拍横打），用木板削或搓。50年代，上海的业余高手岑成育（岑仰健父亲）用此打法最为出名。由此可见，直拍横打和长胶在1958年已于全国比赛中应用并现雏形。

2010 年 3 月 25 日

感谢中国乒协对我的邀请

时任中国乒协主席（国际乒联终身名誉主席）徐寅生和中国乒协副主席、国家体育总局乒羽管理中心副主任于斌最近分别给我打来电话，邀请我参加2010年6月7日至12日在呼和浩特市举办的第15届世界元老乒乓球锦标赛。本届世界元老乒乓球锦标赛由国际斯韦思林俱乐部主办，中国乒协、内蒙古自治区承办。经考虑，我欣然同意，因为我经常锻炼，球技没丢。中国乒协德高望重的领导和国家体育总局乒羽管理中心主要负责人对我的邀请，从某种意义上讲是对我个人的信任，也是一种荣誉。我对于斌说："争取好成绩，为国球的普及、提高贡献力量。"于斌说："参与就好！"并建议我与20世纪60年代国手、老队友王家声配双打。随即我与贵州的王家声电话沟通，商定先分练再合练，争取好成绩。王家声是贵州省体育局原局长，20世纪60年代是中国乒坛动作、手法最规范的运动员之一。在电话中他说，在北京学习时，他把很多高手打得没脾气，有的球手还号称战胜过李富荣、蔡振华。

　　不管你以前水平多高，只要你不练球，就无法确定你现在的技术水平。乒乓球运动技巧性很强，需要手感和判断力，不经常练球，就无水平可言。

　　20世纪80年代初，我和师父徐寅生参加在意大利里米尼举行的第5届世界元老乒乓球锦标赛，双打第一轮对西班牙削球手，我俩怎么也打不赢对方，有时还被对方反击，最终以1：3告负，当时场外教练蔡振华也急得没办法。赛后徐寅生说："今天乒乓球像苍蝇一样老在眼前转悠，就是打不到，像吃苍蝇，有的球还碰到脸上，不练不能参赛。"说得我与蔡振华都笑了（蔡振华当时在意大利任教，徐寅生当时是国际乒联副主席、国家体委副主任）。

　　电话中师父徐寅生还告诉我："中国报名参赛的已有700多人，国外报名的有1800多人，因金融危机，参赛人数比以往少了许多。"这是国际斯韦思林俱乐部每两年举办一次的最大世界乒乓球赛事，参赛人数一般在3000人以上。国际斯韦思林俱乐部为专业选手和业余选手提供了同台竞技的场所，吸引了世界各地的球迷，而且每个国家的报名名额没有限制，年满40周岁即可报名，交纳

报名费人民币 800～1300 元，食宿自理。比赛按年龄分为
8 个年龄组（前文有介绍），只有男女单打、双打 4 个项
目，前三名给予奖励。这一赛事是显现 40 周岁以上各年
龄段世界乒乓球迷水平的擂台，深得世界各国乒乓球迷
的青睐。

　　交友、健康、快乐、休闲、益智、释放……打乒乓
球还有更多的好处等待我们挖掘、开拓。

2010 年 4 月 2 日

第15届世界元老乒乓球锦标赛

第15届世界元老乒乓球锦标赛于2010年6月7日至12日在呼和浩特市举行，来自51个国家和地区的2000多名运动员参加了比赛。此次比赛分别在5个场馆120张球台上进行，供练习的球台约80个。

这次65~69岁年龄组约有400人参赛，在半决赛中我遇到了中国业余球王——曾战胜长胶高手黄健江的张学友，我以3∶2获胜。最后经过努力拼搏，我获得了单打银牌。从小组6人循环赛取前2名，再进入128名淘汰赛，真的好累，赛后身上痛了3天。本届比赛单打冠军是德国的里克，他是20世纪70年代德国国家队主力队员，今年65岁，退休后仍参加德国三级俱乐部职业比赛。奥地利冠军（本届比赛50~59岁年龄组单打冠军）丁毅告诉我，里克现在打球每年还能赚3万~4万欧元，难怪他在场上体力充沛，手感和力量还在，判断准确，节奏合理，只是跑动缓慢，反应不快。我因没有系统训练，始终处于被动而失利。

世界元老乒乓球锦标赛是检验参赛运动员健康状况、体能耐力、技术水平、平时训练效果的试金石，如果没有一段时间的准备你将无法坚持完成这样紧张激烈的大型元老赛事。

此前我曾参加过四届世界元老乒乓球锦标赛，举办地点分别是意大利里米尼、前南斯拉夫萨格勒布、美国巴尔的摩、日本横滨，取得金、银、铜三枚奖牌。

在赛场上见到昔日球友，以及曾经朝夕相处的弟子那不再年轻的面貌和那熟悉的击球动作时，我感慨万千，岁月的长河无情地冲刷着每一个人。我也为我昔日的弟子卢启伟、王燕生、宝大民等在这次比赛中取得第二名和第三名的好成绩而高兴。师徒参加同一届世界元老乒乓球锦标赛事，并且四个人取得四个前三名，这也是世界罕见的。

2010 年 6 月 16 日

"洋弟子"来芜湖

前一段时间我身体不好，两次住院，我的一个外国学生得知后特地从意大利约朋友一块来芜湖看我，使我很是感动。

她叫 Paulla Pueveaqua（帕乌拉·伯维阿格），今年49岁，是20世纪80年代意大利乒乓球队女子一号主力，共得过16次意大利全国冠军（单打、双打、团体）。当时我是教练，我们经常参加欧洲和国际大赛，她常变换地称呼我"教练""老师""爸爸""刁"。退役后，她有时会开着房车，带着两条爱犬去我在圣马力诺的家中做客，并两次来中国看望我。

我想介绍的是她的不幸，她年轻时结婚三个月丈夫病逝，三个月后她的爸爸去世了，又过了两个月她的母亲也撒手人寰。八个月失去三位亲人，在巨大的悲痛中她又被查出颈椎瘤，两个月之内经历两次大的手术，每次手术都长达七个小时，命保住了，但是左手落下残疾，没有知觉。她超乎常人的坚强性格和乐观心态使我和很多意大利人都为之赞叹。

刁文元(左二)与其"洋弟子"(左一)合影

她在美国和意大利都取得了法学硕士学位，并精通英、法、西班牙语。她左手残疾后经常打球锻炼，取得一次残疾人奥运会乒乓球单打第三名，现在兼任意大利国家伤残人乒乓球队教练。

她能愉快地生活，我很高兴，能有这样坚强的"洋弟子"我倍感荣幸。这次见面我问她两条爱犬在家怎么办，她说:"放在狗公寓托养,每天付 20 欧元,再过 10 天就能见到两个可爱的狗娃了。"

两只狗娃是她平时最亲近的伙伴。在此,祝她与狗娃快乐幸福!

2011 年 2 月 18 日

第16届世界元老乒乓球锦标赛

2012年6月25日至30日，第16届世界元老乒乓球锦标赛在瑞典首都斯德哥尔摩举行，有62个国家和地区的3000多名世界乒乓球爱好者参加了比赛。

此次比赛在133张球台上进行，练习球台有70张。场地分三处，相隔数十米，最大主场有76个比赛球台。

瑞典第16届世界元老乒乓球锦标赛主比赛场地

瑞典第16届世界元老乒乓球锦标赛半决赛比赛现场

　　此次比赛，中国有100多人参加，印度有300多人参加，日本有400多人参加，德国有700多人参加。从参加人数可以看出各国人民对乒乓球运动的热情。

　　大会保证每个参赛者至少可以打12场5局3胜的比赛（含双打、安慰赛）。

　　男子50～59岁年龄组参赛人数最多，有700多人。65～69岁、70～74岁两个年龄组也分别有300多人参加。女子85岁及以上年龄组只有8人参加，男子85岁及以上年龄组有24人参加，他（她）们分别来自北欧、加拿大、日本、澳大利亚。

此次比赛中，我们中国人取得两枚金牌，分别是单打65～69岁年龄组王茵，双打65～69岁年龄组王茵、刁文元（70岁降年龄组参赛）。

2012年，我的身体还行，所以决定报名参赛。一周后，我收到瑞典组委会的来信，他们对我参赛表示欢迎，并为我免费安排了食宿和交通，我凭护照可进出赛场贵宾室。在参赛的3000多人中，只有5个国家的5人享此殊荣。我之所以能享此殊荣是因为我曾在瑞典打过两场惊心

第16届世界元老乒乓球锦标赛双打冠军奖牌

动魄的大赛，许多年后，电视台还经常播出当时的精彩画面，大使馆的人也曾谈起过此事。

比赛中我发现使用长胶的选手大幅度减少，更多的人在使用生胶和防弧胶，他们在各年龄组都取得了好成绩。长胶速度缓慢、旋转呆板、攻球不好控制、防守局限被动等问题逐步显现。舍弃长胶的潮流正在扩大，以前是在一级运动员水平中，现在发展到二级运动员水平以下，这是技术提高的一种趋势，应引起老年乒乓球爱好者的注意。

我很荣幸能够参加此次大赛并获得一枚金牌。一个职业运动员，如果在退役40年以后或更长时间，仍然有不少人能记住你，无疑是一种无形的光环，能给你的心灵带来温馨的体验。

打乒乓球确实会上瘾。我从10岁打到70岁，60年的时间已证明了这一点。很多老球友都有同感，几天不打球心里就痒痒，有时球瘾上来与酒瘾、烟瘾、牌瘾等差不多，但是打乒乓球比上面说的这些瘾要好得多，因为它是体育运动，对身体有好处。所以在当今和谐社会，有球瘾是件好事。

2012 年 7 月 12 日

评伦敦奥运会乒乓球男单决赛

2012年伦敦奥运会乒乓球男单决赛在中国选手王皓和张继科之间展开。

第一局双方一直是胶着状态，10平后又6次平局。当比分为17∶16张继科再度领先时，出乎所有内行人的预料，张继科要了暂停，暂停后18∶16张继科赢了极为困难的首局。开局要暂停，属乒乓球一忌。张继科把首战必胜的士气放在了战略中的重要位置。果然，随后他气势高涨直落两局3∶0领先。

在场上大比分3∶1、第5局7∶7的关键时刻，出现擦边球，裁判误判为界外球。双方有分歧，但是没有争执，慢镜头回放是张继科擦边，但是张继科没有受裁判错判的影响，而是排除干扰，瞬间集中精力，并且赢了这至关重要的一局。这与奥运会女单决赛似二重天，也是张继科心理素质强大的表现。

张继科打完全场最后一个球时即飞奔去领奖台……看来他踌躇满志，早已势在必得。

论球技，张、王二人差不多，论赛前信心、赛场心理，张胜出一筹。乒乓球最难练的是心理素质，特别是在高水平运动员中，临场发挥时心理素质尤为重要。

2012 年 8 月 28 日

2012年第九届全国大学生运动会观后感

第九届全国大学生运动会于2012年9月6日至18日在天津举行，有23个省、自治区、直辖市参加比赛。此次比赛设立定向越野、游泳、田径、健美操、乒乓球、跆拳道、键球、足球、篮球、排球、武术、桥牌12个项目。全国大学生运动会是仅次于全国运动会的大型体育赛事，每四年一届。

这次乒乓球比赛的裁判工作非常规范，与世乒赛几乎一样，比赛场地只允许现场比赛的运动员、教练员进入。对球拍的检验更是严格，各种仪器对各种胶皮表面的光泽度、厚度、平整度等都检查到位。

乒乓球比赛设7个小项，有23个代表队300多名男、女运动员参赛，整体水平在全国属中等或中等偏上一点，明显高于二级运动员水平，与全国业余高手相比，优势更大，队员大多是全国各地退役的专业运动员出身的在读大学生。

我很高兴看到他们在退役转行以后，仍朝气蓬勃，充满阳光，看好未来。

应该说，他们对乒乓球运动已不再执着。因为我观察到有不少运动员只有一只比赛球拍、1～2件比赛服，场上擦汗毛巾很小，甚至没有。比赛中到6分或6分的倍数时也很少擦汗，对输球和赢球并不特别在意。我突然明白了，他们是大学生，不是职业运动员，对他们的要求应有所不同，他们在艰苦奋斗多年的运动生涯中因为各种原因，如伤病、技术、心理、机遇……没有攀上乒乓球理想的高峰，但是他们是中国乒乓球运动的基石，否则中国乒乓球也许没有今天这样的辉煌。

2012 年 9 月 16 日

法国乒乓球世界冠军盖亭

刁文元与盖亭合影

　　盖亭今年44岁，他的母亲是意大利米兰人，父亲是法国人，我们用意大利语交谈。因为他是单打世界冠军，所以在欧洲经常参加商业表演活动。他有丰富的表演经验，能及时掌控场上观众情绪，除了球技，他还能插科打诨活跃场上气氛，有点像中国的小品，夸张但不过分，增强了观赏性。

我今年6月在瑞典拿了世界元老乒乓球锦标赛双打冠军，所以被安排在天津亚太宿将乒乓球邀请赛开幕式上表演。我和盖亭不是一代人，但彼此知道姓名。我认为自己的球技一般，演出尽兴，博得了几次满堂彩，他的掌声更多些。赛后师父徐寅生说我："正手弧圈球动作没有原来好看了。"真是"知我者，师父也"！但是观众对我在表演赛中的表现还是认可的。

这次比赛有500多名中外优秀运动员参加。

2012年9月23日

几代乒乓人欢聚天津

刀文元与陈子荷合影

刀文元与王涛合影

刁文元与郭跃华合影

刁文元与徐寅生合影

陈子荷是中国女子唯一近台使用直拍长胶（无海绵）推挡攻球获得世界冠军的运动员，现任福建省奥体中心副主任。

　　王涛，乒乓球界唯一正师级教练，现为八一乒乓球队总教练。

　　郭跃华比我小14岁。1975年第三届全运会单打半决赛中我俩相遇，他赛前偶然看到我在打麻药（封闭），心里就有底了。第4局18平，球被打到场外，他飞跑捡球使我无法拖延时间休息，导致我思想分散连丢3分，最后3∶1他赢了。赛后我开玩笑地说，他从小就挺鬼，偷看我赛前打针。我特别欣赏他的意志品质，他曾是全国少年亚军，后来为了留在国家队，忍痛从正胶快攻打法改为反胶拉弧圈球留队陪练，从此发愤图强，最终成名。他和我经历极为相似，我们很谈得来。现在提起往事，我俩都快乐地笑了。

　　师父徐寅生看起来比我还年轻。

2012年9月25日

美国领事馆给我办签证

最近小女儿刁意告诉我，因为工作关系，她拿到了去美国一年往返多次的签证。这一消息勾起我曾经去美国的一段回忆。

1992年夏，我要去美国巴尔的摩市参加一个国际比赛，因为我当时在意大利工作，所以需要在美国驻意大利的佛罗伦萨市领事馆办理签证。经电话联系，我如约带着相关材料驾车到领事馆，接待人员检查相关材料后说："护照留下，三天后来拿签证。"我说："很抱歉，后天我要带队去德国比赛，护照无法留下，能否现在给我签证？"美国领事馆的人看看我，并打量了我一下，问："你做什么工作的？"我答："乒乓球教练。"对方又问："中美恢复建交，始于乒乓球你知道吗？"我回答："你们的尼克松总统在北京曾看过我和我的队友打球。"对方再问："在中国你有名吗？《人民日报》登过你吗？"我说："还行，《人民日报》登过我的名字，也登过照片。"美国领事馆的人很兴奋地说："中国人的名字在《人民日报》

上只要出现过三次，我们美国就有档案。"我很是惊讶，说："那请你查一下吧。"过了几分钟他从领事馆的一间密室中走出来对我说："先生，马上给你签证，因为电脑显示你的名字在《人民日报》上已经出现几十次了。"

20多年前我只听说过电脑，不大懂电脑的功能和应用，但是让我少跑一趟美国领事馆，免去来回6小时车程，我很高兴。

由这件事可以看出，《人民日报》是中国最权威的报纸。

2012年10月6日

国青队教练任国强与爱徒顾若辰

顾若辰刚打完比赛就走上主席台请她师父点评，并感谢师父的培育之恩。任国强很满意年轻弟子的表现，单打进入前8名。按国家队内部规定，全锦赛单打前8名自动进入国家一队。这也是任国强当国青队教练训练成绩的体现，我为队友取得这样的训练成果而高兴。任国强是我20世纪70年代在国家队的队友，也是我现在唯一还在国家队任教的队友，其他的所有教练都是弟子一辈或更晚辈分的。任国强以前在国家队训练中对我的帮助和鼓励很大，现在每次见面我们都相谈甚欢。

2012 年 10 月 17 日

充实的 2012 年

人生如梦，岁月漫长，仿佛一瞬间我就到了古稀之年。我今年70岁了，我们那一代人早都退休了。当然，你也可以不退，前提是：有人需要你，你身体素质还可以。

我在安徽师范大学体育学院运动训练专业乒乓球专项班任教，每周有14节课。为了备战明年的全运会，江苏省乒乓球管理中心主任李一冰和江苏省乒乓球队总教练靳鲁芳邀请我当顾问，我奔波于芜湖、南京两地。到底是执着与爱好，还是为了充实生活，我也搞不清。江苏省队让我担任顾问组组长。我曾问他们为什么请我，靳鲁芳总教练说："你是全运会、全锦赛金牌教练！"

2012年5月，在安徽省高校第九届"校长杯"乒乓球比赛中安徽师范大学代表队第一次夺冠。5月，在安徽省大学生乒乓球比赛中安徽师范大学代表队又夺三冠。2012年6月，瑞典方邀请我去斯德哥尔摩参加第16届世界元老乒乓球锦标赛，作为中国唯一被大会特别邀请的人，我站在最高领奖台上，有一种说不出来的感觉。

2012年9月，在天津我参加了第九届全国大学生运动会和第六届亚太宿将乒乓球邀请赛开幕式。在开幕式上，法国名将盖亭和我打了一场表演赛，临场我们双方的客串教练是国家体育总局原副局长徐寅生、李富荣。10月，我应邀去张家港看江苏省队参加2012年全国乒乓球锦标赛。2012年12月，我与奥运会乒乓球中国第一块金牌得主陈龙灿和当年中国最年轻的女子单打世界冠军童玲一起参加阜阳太和县农村留守儿童乒乓球俱乐部活动，我感到非常欣慰。有人说我："年纪大了还挺能折腾，应该深居简出。"我说："从小就折腾，折腾了一辈子，习惯了，老了不折腾就会有一种病态感觉。"我也不知道能折腾到哪一天。

　　70岁以后能被认可，是不容易的，因为你不仅要有一定资历，还要有健康的体魄、良好的人缘才行。2012年的夏天，我游历了欧洲8国，在国内我与安徽师范大学体育学院的同仁们一起去了秦皇岛、北戴河、山海关、承德、坝上草原……今年我事无巨细，忙忙碌碌，高高兴兴。

2012 年 12 月 17 日

江苏队进入全运会团体决赛

四年一次的全运会是国内最重要的赛事，据有关人士透露，今年全运会冠军有的省市将给予50万元和一套住房的奖励。

竞争和重视的程度都是史无前例的，各省市都在倾力参赛。

根据规定，经过预赛进入团体赛前16名、单项赛前32名的代表队和运动员才有资格参加今年8月份在辽宁举行的决赛。

江苏男一队在比赛中战胜山西、湖北、重庆、海南等队，2∶3负浙江队，0∶3负四川队。小组排名第三，以16强进入决赛。

江苏女队实力雄厚，战胜小组赛中所有对手，以小组第一进入决赛。

江苏男二队战胜新疆、湖南、陕西、安徽、澳门等队，2∶3负河南队，出人意料地以小组第二昂首进入决赛。

2013年，刁文元与昔日弟子李隼（左一）、陈振江（左三）在全运会预赛体育馆合影

　　江苏省两支男队、一支女队进入团体决赛，创造了历史上全运会预赛最好成绩。

　　奥运冠军、世界冠军和全国冠军在赛场上看不到优势。男子国家一队20多人、国家二队20多人、国家集训队20多人，再加上各省市身怀绝技的高手，赛场上看不到大的差距。除了澳门队以外，其他各队之间比分都很接近。广东女队被淘汰，上海女队也无缘决赛。

　　作为江苏省乒乓球管理中心聘请的顾问，我很高兴看到江苏队这一预赛成果，至于决赛能否取得名次，关键还要看后面两个多月的训练，能否有年轻运动员冒尖。江苏省男女队都存在一个突出问题，就是"大牌"运动员不大，"小牌"运动员不小，整体实力虽然强，但没有尖子运动员，很难取得好的名次。

2013 年 6 月 6 日

三届全运会

作为运动员我参加过三届全运会，分别是 1959 年第一届全运会、1965 年第二届全运会、1975 年第三届全运会。

我 33 岁那年在第三届全运会上取得了乒乓球单打铜牌，在八分之一、四分之一单打比赛中由于手臂拉伤，不得不在赛前打封闭针上场。当时我是年龄最大的参赛运动员。

今年第十二届全运会结束了，我一直通过各种渠道默默地关注乒乓球比赛中的老运动员——33 岁的王励勤和 31 岁的马琳，我默默地为他俩加油，因为我能体会到他们的内心世界和对乒乓球赛场的那份留恋……王励勤尿血，马琳体力透支，最终他俩遗憾告别赛场。

有成绩的运动员难，有成绩的老运动员更难，乒乓球老运动员想取得成绩难上加难。

2013 年 9 月 11 日

乒乓球训练中的判断力

第一，球拍颜色的规定、赛前双方互看球拍性能、发球规则，这些都与判断有直接联系，但是我们在训练中很少在这些方面有专门的训练方法和具体内容。

第二，比赛中擦汗、换边、暂停、场外指导，都与场上运动员最大限度寻求战术、技术合理使用，少犯错误有关。

运动员要准确判断每一个来球，合理处理每一个来球。判断不准没法打球，判断再好没有技术、体能也打不好球，因为做不到合理处理。

训练中应该在时间和方法上对上述两个方面重视起来，这对提高乒乓球整体水平可能会有帮助。

2014 年 1 月 28 日

东京世乒赛男团决赛观后感

中国队对德国队，从实力上分析，应该说还是有悬念的。

波尔对马龙第一局6：4领先，之后连丢7分，波尔心理出现严重问题，这时我知道中国队必胜无疑。

比赛中波尔由于紧张手硬，发短球第二跳经常发出台被拉，想发转但发不短，更严重的是，机会球3局打飞3个，这两点是优秀运动员在大赛中最要命的问题，他都占上了。三局开局都是波尔领先，后两局的比分都是9：11。如果德国人在这一盘比赛中发短球能少出台，少打飞一个机会球，中国队与德国队的比分可能会改写。

奥恰洛夫对张继科3：0，是我多年未见外国人大胜中国人的战例，也是少有的用力量抑制旋转，并且最终用力量战胜旋转的战例。这是一场意义深远、发人深思的比赛。当今乒乓球高水平打法都是拉弧圈球，大力击打很少使用，德国的奥恰洛夫好像给人"杀出一条血路"的感觉。张继科这次压力过大，出现少有的紧张，10平时竟然发球失误，也是三局中唯一的发球失误，可见其紧张程度。

第三盘马龙对奥恰洛夫，双方水平有差距。马龙用速度和抢上手，使奥恰洛夫的第一板力量发挥不出来。奥恰洛夫在场上产生急躁情绪，进攻失误颇多，连续性也出现问题。

2014 年 5 月 13 日

弧圈球发明人——中西义治

　　我每一次去日本都想拜访中西，但是因为种种原因都未能如愿。中西义治，日本人，1939年出生。他发明弧圈球是在1960年。1961年4月，北京第26届世乒赛上日本人第一次在大赛中使用弧圈球技术，令人耳目一新，非常惊奇。弧圈球被认为是一种开创，并且一直影响我们至今。那时我们只知道进攻撞击球，防守切削球（向下摩擦）。现在拉弧圈球的人都应该记住中西义治这个名字，他是弧圈球的发明人，我们应该敬重他。

　　1961年世乒赛上的弧圈球，我看了，学了，练了。十余年后（1972年）我用方形球拍、反胶、弧圈球打法在中国历史上首次拿了全国单打和双打（与李景光）两项冠军，时年30岁。我没有炫耀自己当年成绩的意思，只是想让人们知道从1972年下半年开始，中国人对弧圈球有了新的认识。当时用弧圈球打法拿冠军，是不可思议的事，因为那时全国用的都是正胶快攻和削球打法，弧圈球在全国只有几个人在拉，而且拉得好一点的都是国家队陪练队员。

我拿冠军那一年，单打前8名除了我用反胶以外，其他7名都是正胶快攻打法，他们是郗恩庭、周兰荪、胡道本、王文荣、许绍发、王家麟、李鹏。

赛后徐寅生总教练让大郗改用反胶，8个月后大郗拿了单打世界冠军。从那以后打反胶、拉弧圈球的人在全国才慢慢多起来，但是很多人总认为拉弧圈球没前途。1964年全锦赛上，中国乒协规定各省市代表队团体赛上场队员中一定要有一名弧圈球打法的运动员。

正确的认识需要时间。

当时很多人说中国乒乓球传统正胶快攻是世界先进打法，弧圈球打法在中国只能当陪练。现在呢？2014年世界比赛中所有人都在拉弧圈球，正胶快攻已经绝迹。

实践是检验真理的唯一标准。

成绩是检验教练员、运动员训练结果的唯一标准。

2014 年 5 月 18 日

中国选手的创新项目

据不完全统计，在国际乒乓球运动发展的百年历程中，世界乒乓球技术、器材创新最突出的共 46 项。跻身国际乒坛 50 多年的中国健儿，在个人技术创新方面有诸多原创，占创新总数的 50%。技术和器材创新，被业内人士称为"绝招"，是中国队克敌制胜的十八般武艺，均先后为中国队夺冠立下过汗马功劳。

中国选手的个人技术创新项目包括：

1. 容国团的正手转与不转发球；

2. 徐寅生的正手奔球；

3. 李富荣的直拍近台左推右攻；

4. 庄则栋的直拍近台两面攻；

5. 张燮林的长胶直拍削球打法；

6. 王志良、郭仲恭的横拍转与不转削球；

7. 刁文元的反手侧上、下旋发球；

8. 许绍发的高抛发球；

9. 李振恃的正手快点技术；

10. 郗恩庭的直拍反胶弧快打法；

11. 许绍发的快带弧圈技术；

12. 郭跃华的推挤技术；

13. 李赫男、张立的正胶小弧圈技术；

14. 葛新爱的长胶削攻推拱结合技术；

15. 谢赛克、李振恃的直拍正手盖打弧圈技术；

16. 曹燕华的反手高抛发球技术；

17. 蔡振华的横拍反胶与防弧圈相结合的全攻型打法；

18. 邓亚萍的横拍反胶与长胶全攻型打法；

19. 刘国梁的直拍横打、左推右攻和直拍反面发球技术；

20. 丁松的横拍攻削结合；

21. 阎森、马琳的直拍反胶左推右攻加直拍横打技术；

22. 孔令辉的横拍反手快"撕"技术；

23. 王楠的具有中国传统快攻特征的反手连续快拉技术。

2017 年 12 月 16 日

周日散记

忙碌了一周，难得休息可以忙忙自己的事。早上醒得早，没起，懒懒地想着给自己的博客写点东西。理了理思路，想写的太多，理不出头绪。去了趟菜市场买了点菜。当运动员时，除了打球，基本上也没时间学烹饪。在国外待了20多年，曾学会做几样西餐，如咖喱鸡、土豆泥、沙拉等。家常的西餐做起来很简单，原料讲究些，但味道终究和中餐不同。尽管在国外待了20多年，我的气质还是"不洋"！有一次到西餐店，我逗服务员问道："你们这里的比萨正宗吗？"他煞有其事地说："原汁原味的意大利做法，正宗的。"我说："我在意大利待了20多年，怎么没见过比萨饼上放肉丸的做法？"他立马仔细打量我，不语。像这样不小心披露自己的身份，我也经常乐在其中。

整个下午我就在电脑前面看文章，搜索整理了几篇涉及自己的网络文章，在博客里转载了，就像置办了几件家具一样。我没有想给自己歌功颂德，只是想在中国乒乓球历史中搜出自己的影子，帮我正确看待自己、看清自己，帮我回忆一些已经渐渐远去的记忆。记忆的闸门打开了，轰轰烈烈的，却仍然无从下笔。我将怎样开始我的回忆之旅呢？

今晚看了乒乓球世界巡回赛两场总决赛。女单是郭跃对李晓霞，两名年轻的横拍选手，有些男性化的打法。男单是马琳对王皓，两个当今世界上水平最高的直拍选手，这是近几年很难得一见的一场比赛。在横拍打法横扫世界乒坛的时候，有学生曾问我：是不是现在拿直拍已经过时了？我告诉他们，各种技术都在发展进步，有待完善，上届奥运会冠军柳承敏不还是直拍选手吗？近几年直拍技术还创新了直拍横打，我的教练徐寅生就很看好直拍横打。为了扶持中国传统的直拍快攻打法，几年前中国乒协特意推出一个政策，要求在团体赛中上场的三名选手中必须有一名直拍快攻打法的运动员。或许正是这个带有倾斜性的政策，才造就了刘国梁、马琳和王皓等人吧。

比赛一如既往的精彩，一场控制与反控制的较量，没有预料中的胜利。真羡慕现在的年轻人，可以毫无顾虑、自由自在地打球，可以展示自己的才华，彰显自己的个性。

2017 年 12 月 17 日

我的乒乓球情结

回首我这一生，正是当初那个懵懂少年看见乒乓球时的惊鸿一瞥，就注定要与她相守一生，无论爱与恨，得到与否，都无怨无悔。

少年时，我觉得乒乓球像一位美丽又不知名的女孩，我偷偷地喜欢上了她。我害羞地拿着拍子和同学们排着队等候在露天的水泥台边，盼着轮到我上场的时候，盼着与她接触。到了省队，与她朝夕相处，她便成了我邻家的同学，那时我眼里的她单纯而无忧。

年轻时，在国家队，乒乓球像我爱恋的姑娘，我付出全部的热忱，总是试图了解她的习性，琢磨她的变化，而她总在我面前表现她的多姿多彩、变幻莫测。我经常在没人的时候偷偷地溜进训练馆，连午休的时间都用来开小灶，就像单独与她幽会，即使脚上磨出一个个水泡，我也痛并快乐着。我渴望参加每一场比赛，就像在表白自己的爱意。这时的乒乓球残酷地考验我的实力，所以我有了"三进三出"国家队的经历，所以我练就了顽强的意志。我顽强地延长了自己的运动生涯，我为自己创造了一个机会，为自己带来了瞬间的辉煌，为自己赢得了一席之地。她也使我变得固执，我固执地渴望得到每一场胜利，每一场胜利都像打败了一个情敌，而我总是爱恨交织，血战到底。结局虽不是很完美，但谁又能说有了完美的结局就一定很好呢？人生总是有遗憾的，不是吗？

退役后当了教练，乒乓球便成了我温顺的妻子，我们彼此相知，相依，相伴。她和我一起共同培育我们的接班人，我们把经验、技术传给我的学生，期待他们的辉煌，期待他们像我一样精心培养他们的后辈，这时的我是幸福的。离开祖国，我带着她来到异国他乡，在地中海边我与她共筑爱巢，我试图让更多的人赏识她的魅力，让更多的人生命中融入她的身影。虽离开祖国，我又何尝离开过她！终归是要叶落归根！现在的她就像我的知己，安静地守在我的身边，听我倾诉我一生的故事。而通过她，我又融入了这个社会，重新调整自己的步伐，跟上这个时代的节奏。

有些时候，历尽沧桑，只因她，我还保有一颗火热的心，一颗我们那个时代熏陶出的纯粹而执着的心。我喜欢像我一样喜爱打乒乓球的人，喜欢因她而快乐的人，更喜欢因她而美丽的人。这个世界不会因我而改变，我却因乒乓球改变了一生，她成了我与这个世界沟通的桥梁。我是快乐的，因她而快乐；我是幸福的，因她相伴一生。我不后悔我的选择，我的一生从未离开过她。

我是我心目中永远的冠军！她是我心目中永远的爱人！

2017 年 12 月 24 日

（此篇是与蔡红老师合作之笔）

登山英雄与国乒情谊

　　登山英雄屈银华，1960年与王富洲、贡布首次从北坡登上珠穆朗玛峰之顶，创造了历史。由于当时条件简陋，下山后屈银华十个脚趾冻伤切除，造成他终身行动不便。1976年广西南宁冬训，我是铁道兵乒乓球队教练，他是新疆乒乓球队领队，在招待所我们房间相对，聊天投机，交往甚密。我请他给我的队员们讲讲"一不怕苦，二不怕死"的登山事迹，他也请我传授国球拼搏精神。

　　他是四川人，北京户口，在新疆工作，还兼任乌鲁木齐体育馆馆长。1980年，国家体委下发文件，对那些为国家作出贡献的优秀运动员或体育工作者给予生活、就业、安置上的政策照顾。屈银华请我帮忙，希望退休后能回北京安度晚年。我一口答应他，尽力而为！我找到了时任国家体委副主任并分管此项工作的徐寅生，我把屈银华的报告交给师父（徐寅生），他看后说："他是英雄，为了国家荣誉落下了残疾，原户口又在北京，党和人民不会忘记他的……"数月后，屈银华在北京安家生活。年三十傍晚，屈银华用塑料网袋装了一个哈密瓜，一瘸一拐地找到位于北京赛车场旁三楼的我家，把瓜一放，说："谢谢你！"两个大眼睛看看我，然后就走了。留不住他，我只好送他到楼下，看着他缓慢不便、佝偻的身影慢慢远去。能为英雄做点事，我觉得无比自豪。之后的年三十他又来了两次，依旧是哈密瓜、"谢谢"，两个放光的大眼睛看着我！英雄无声胜有声！

后来师父徐寅生知道了这事，问我："屈银华送你的哈密瓜你怎么不给我尝尝？"我说："瓜很香很甜，我都吃了！"师父笑了。

2022 年 2 月 2 日

六十年前国乒那些事

　　1962年末，当我在安徽省体工队接到调令再次进国家集训队备战第27届世乒赛时，我兴奋得无法入眠。功夫不负苦心人，我可能是安徽体育界最幸运的人。

　　北京工人体育馆当时是国家乒乓球队训练生活的地方，能与世界冠军容国团、庄则栋、徐寅生等在一起练球，是每一个乒乓球运动员梦寐以求的事。容国团当时还是国家队队员，但已不是主力队员。第27届世乒赛，他只参加单项比赛。他沉默寡言，说话带广东味，爱好音乐（吉他）、象棋、喝茶、健身，对很多人和事都很随和。1968年，我在北京结婚，他来参加了婚礼。

　　备战第27届世乒赛期间，我们工作日每天练6个小时，周六不休息，周日大多自觉练半天。由于运动量大、强度高、时间紧，所以运动员伤病多，多是腰伤、肩伤、腿伤。为了保障训练不受影响，卫生部调来了最好的按摩大夫，其中有一位老太太，很瘦，她的祖父曾是太医，有祖传按摩手法。她给我们按摩时不许人看，用布单盖

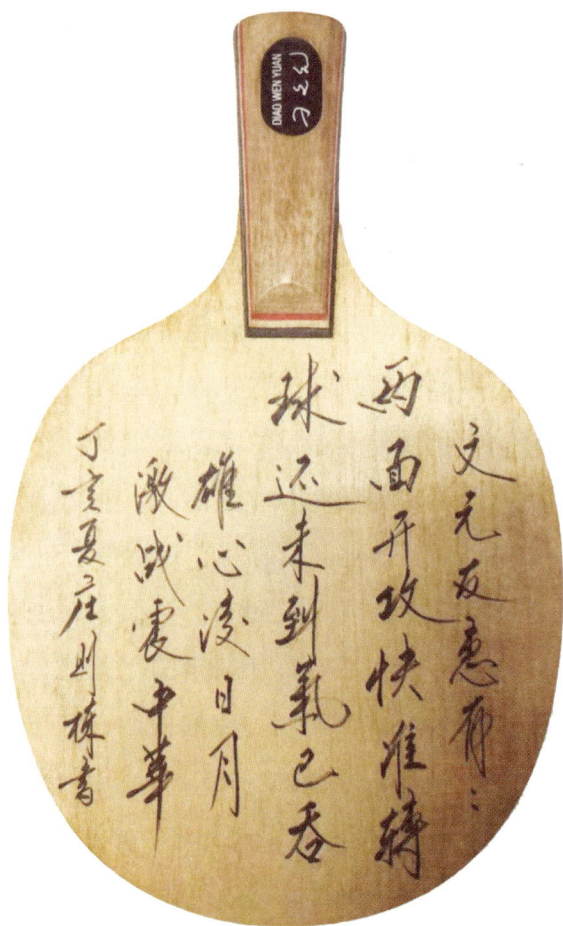

文元友惠存：

两面开攻快准绝

球还未到气已吞

雄心凌日月

激战震中华

丁亥夏庄则栋书

庄则栋题字

着，用两根小圆木棍点穴位，一点下去给人的感觉是强烈的酸、麻、胀，按摩完之后，我们都感觉效果很好。我当时腰受了伤，按摩后的第二天就能正常训练了。

训练中徐寅生腰部扭伤，晚上常去医务室治疗。一次我在等待治疗时，听到徐寅生所躺的床上传出广播和音乐的声音。那时只有交流电收音机，有电线。当时我没有看到电线，就很好奇，不知声音从何而来。随后徐寅生从枕头下拿出一个只有香烟盒大小的半导体收音机，我一下愣住了，感到神奇得不可思议。原来这是 1962 年国家乒乓球队在日本访问时带回来的半导体袖珍收音机，在那时，这可是难得一见的高科技产品。

2022 年 6 月 5 日

第三篇

队友、弟子

眼中的刁文元

球凌風惠

譽享五洲

何文元書於
壬寅夏

亦师亦友①

2001年，圣马力诺乒乓球队在北京乒乓球队训练馆合影（前排左一为加布里埃尔·贾尔迪，右一为马龙；后排左一为里卡尔多·坦托尼，左二为克劳迪奥·斯特凡内利，左三为安德烈·斯特凡内利，右一为马尔科·莫里）

　　这张照片，也许比许多其他照片更能代表刁指导为我

---

① 本文由刁文元在圣马力诺任教时所带的学生所写，翻译时有改动，后附原文。

们的乒乓球队，为整个圣马力诺乒乓球运动所做的一切。

在这张照片中，除了有我们圣马力诺乒乓球队队员加布里埃尔·贾尔迪、马尔科·莫里、安德烈·斯特凡内利、里卡尔多·坦托尼以及主教练克劳迪奥·斯特凡内利外，还有非常年轻的马龙。

2001年，为备战第46届世乒赛，在刁指导的多方联系下，我们来到北京进行赛前培训。这张照片是在北京培训结束时拍的，非常感谢刁指导的悉心安排，为我们参加第46届世乒赛做准备。

刁指导不仅教我们球技，更传递给我们运动的价值观——能力、激情、奉献、牺牲和坚韧，这些都是我们今天仍然随身携带的法宝，我们也试图将在您身上学到的知识传授给新一代乒乓球运动员。

刁指导，即使您已多年没有再出现在圣马力诺，但您教给我们的东西仍然是我们试图灌输给新一代乒乓球运动员的基础，有点像这张照片，最终您会并且永远会陪伴在我们身边。

对我们中的一些人来说，您是一位父亲；对另一些人来说，您更像是朋友和兄弟；但对我们所有人来说，您是一位伟大的教练。

San Marino dicembre 2021

Questa immagine, forse più di tante altre, rappresenta quello che tu Diao sei stato per il nostro Tennis Tavolo, per tutto il movimento pongistico Sammarinese.

Nella foto, oltre a noi giocatori della Nazionale Sammarinese Gabriele Giardi, Marco Morri, Andrea Stefanelli e Riccardo Tentoni, fotografati assieme al coach Claudio Stefanelli, è possibile riconoscere anche un giovanissimo Ma Long.

L'immagine, scattata da te Diao, ci ritrae al termine dello stage di allenamento a Pechino assieme ad una rappresentativa giovanile cinese, organizzato proprio grazie al tuo volere in preparazione dei mondiali di Osaka 2001.

In essa sono racchiusi tutti i valori che tu hai trasmesso a noi e a tutto il movimento.

Competenza, passione, dedizione, sacrificio e tenacia: sono tutti insegnamenti che ancora oggi portiamo con noi, cercando di trasmettere alle nuove generazioni di pongisti ciò che abbiamo imparato.

Per questo Diao, anche se da un po' di anni non sei più presente a San Marino, ciò che ci hai insegnato rimane la base di quello che proviamo ad infondere alle nuove leve e, un po' come in questa immagine, dove tu non compari ma che non sarebbe neppure esistita se tu non l'avessi scattata, alla fine sei e sarai comunque sempre presente al nostro fianco.

Per alcuni di noi sei stato un padre, per altri più un amico e fratello ma per tutti sei stato un grandissimo allenatore.

Con sincera stima e ammirazione

Claudio Stefanelli
Riccardo Tentoni

Marco Morri
Gabriele Giardi
Andrea Stefanelli

我所认识的刁文元老师

我能够有幸与刁文元先生结缘，还是因为工作上的关系。刁文元先生从 2004 年起一直受聘担任安徽师范大学体育学院特聘教授，执教体育学院运动训练专业乒乓球专项班。我曾在 2012—2020 年担任过体育学院党委书记，由于这层关系，我平常习惯于尊称他为刁老师。这 8 年期间，我和刁老师经常一起带队外出参加比赛、开展交流活动，他是教练，我当领队。这么长时间近距离地跟在刁老师身边，我确实从他身上看到也学到了不少东西。在我的眼中，刁老师是个很有名气、风趣幽默、专业精通，既认真工作又会享受生活的慈祥长者。

刁老师"很牛"。作为 20 世纪 70 年代的国乒名将、世界冠军，刁老师曾经和队友一起多次受到党和国家领导人的接见，他至今还保留着 1972 年 8 月 20 日周恩来总理接见国家乒乓球队时签名并刊发在《人民日报》上的那张合影。他的最好排名高达世界第四，不仅获得过国际大赛团体冠军和国内大赛单打冠、亚、季军，还代表中国首获世界元老乒乓球锦标赛冠军。他执教过的北京队是当时的全国冠军；他执教过的圣马力诺选手曾经打进世界乒乓球锦标赛女子单打32强；他曾经的得意弟子李隼现任国家女子乒乓球队主教练，是多位大满贯球员的功勋教练……刁文元在中老年乒乓球迷心目中的印象是极为深刻的，这一点毫无疑问。但让我没想到的是，年轻一代提到刁文元也都非常崇拜他！2012年9月，我和刁老师带队去天津参加第九届全国大学生运动会，从入住运动员宿舍的第二天开始，每天都有青年志愿者和工作人员向刁老师求合影、求签名，刁老师从来都是来者不拒、一一满足。前国乒名将、世界冠军、时任四川队教练陈龙灿，北京队教练刘伟等见到刁老师时都主动上前打招呼。后来每忆起此事，刁老师都颇为感慨。

刁老师"很酷"。年已八旬的老人，除了上课、打球外，日常生活也丰富多彩。他玩微信、练书法、搞摄影、吃西餐、骑自行车等，样样在行，在追求时尚生活方面丝毫不落年轻人下风。他的微信朋友圈更新得很快，他的个性签名别具一格，他喜欢去西餐厅吃饭，餐后再来点冰激凌，他在骑车时经常头戴安全盔、身背双肩包、脚蹬运动鞋，俨然一位"骑行侠"……刁老师平时风趣幽默，语言模仿能力强，经常用中国某个地方的方言学说一些小段子，学啥像啥，惟妙惟肖，逗得大家哈哈大笑。

刁老师"很刁"。刁老师经常自嘲说自己的姓氏不好，本来就是"刁"。刁老师的人生经历、生活阅历、执教履历非常丰富，也许是机缘巧合，也许是命运安排，刁老师曾经"三进三出"国家队，退役后在国内执教过，在国外执教24年，可谓见多识广、博学多才，对于人生和世事看得比较通透。在乒乓球馆里，他从不轻易"得罪人"，但也不会让业余选手轻松挑战他的"权威"。

在大学里当老师，刁老师时常会面对各路乒乓球爱好者所请教的各种问题，尽管有的问题相当"外行"，刁老师也不厌其烦、耐心细致地指点，并有针对性地提出合理化的意见和建议。有的时候面对像我这样从未接受过正规训练、野路子出身的业余球友所提的问题，刁老师则会展现出他独有的"刁氏风格"。记得有一次，我鼓足勇气兴冲冲地向他请教"我应该选用什么样的底板和套胶才能提高乒乓球实战水平"时，刁老师略加思考后说了一句"我建议你不要随便换球拍"，给我当头浇了一盆冷水……

刁老师"很专业"。随着年事已高、体力精力下降，不时有人质疑刁老师的执教能力。我以我的亲身经历告诉大家，作为国际级运动健将，刁老师执教大学乒乓球专业的能力是绰绰有余的！

2014年3月，我校学生乒乓球代表队应邀赴日本新潟县开志国际高等学校开展友好交流与训练活动期间，对方教练将刁老师传授的有关乒乓球技术动作的要领奉为圭臬，当场打印出来张贴在训练馆醒目位置供日方队员参照练习。

2015年6月，北美洲某国家男子乒乓球队应邀来我校开展友好交流活动。在团体赛第三盘进入决胜局局点阶段，比分非常胶着，对手虽然落后1分，但是手握发球权，这时刁老师请求暂停，为我方队员布置打关键球的战术要领和注意事项，特别强调要防范对手最后一个发球很可能会以长球偷袭。果不其然，继续比赛后，我方队员有所准备，用一个漂亮的侧身正手抢攻拿下比分惊险赢得比赛。我当场惊呼："刁老师，您真神了！"刁老师则很淡定地说："这种场面我见得多了，能够猜中对方意图不足为奇。"

2017年3月，第十三届全国学生运动会乒乓球大学组预赛在河北省迁安市举行。在团体赛淘汰赛阶段的生死一战中，安徽省男队以小组第二名出线，迎战另外一个以小组第一名出线的辽宁队。从整体实力看，辽宁队明显高于安徽队，但在刁老师大胆变阵、精心布阵和精湛的临场指导下，三名参赛队员敢打敢拼，安徽队经过五盘鏖战在决胜局险胜辽宁队，最终以全国第九名的成绩昂首挺进杭州决赛，创造了我省大学生乒乓球比赛的历史最好成绩。

刁老师"很敬业"。时常有人在背后议论，刁老师早已经过了退休年龄，该在家安享晚年了，为什么还要当老师去上课，带学生去比赛？对此，刁老师是这样跟我解释的："第一，我的身体还行，还能干动；第二，真的是热爱乒乓球事业，乐意为学生做指导、搞训练；第三，喜欢跟年轻人在一起，经常保持适量的运动，不会得老年痴呆。"确实，在实际工作中，刁老师严谨、认真、敬业，他不仅自己以身作则，而且要求学生上课不迟到、不早退、不旷课。无论是课堂教学中还是带队参赛时，刁老师经常教给青年大学生一些做人、做事的道理，注重对大学生进行爱国主义和集体荣誉感教育，引导大学生践行社会主义核心价值观。

刁老师的敬业还体现在对学生成长进步的关心关爱上。有时候，为了调动学生比赛的积极性和求胜欲望，他自掏腰包给优胜者发"奖金"，学生某一阶段进步明显时，他会主动请学生吃饭以资鼓励。他所带的学生在大学毕业后都找到了比较理想的工作，有的考取硕士研究生继续深造，有的留校做了大学老师，他的一位得意门生陈静更是考取了北京体育大学的博士研究生！

刁老师还利用自己几十年来积攒的人脉资源，努力为学生争取更多外出参赛交流、学习提高的机会。2018年6月，在刁老师的协调和努力下，经中国乒协批准，安徽师范大学首次独立组队代表中国大学生参加国际乒联朝鲜公开赛，青年教师、在职硕士研究生朱树笙作为运动员第一次参赛就打进了男子单打16强，开创了安徽高校乒乓球代表队参加国际比赛的先例，产生了积极的社会反响。

2016年8月，日本早稻田大学乒乓球代表团一行应邀来我校开展乒乓球交流访问活动。刁老师不仅要求自己的学生要遵守外事纪律和文明礼仪，而且在接待外宾的正式场合还带头穿西装、打领带，既表示对客人的尊重，也为学生树立了榜样。

因为热爱，耄耋之年，您依然执着砥砺前行。

刁老师，我向您致敬！祝您永远健康快乐！

袁德水

（作者曾任安徽师范大学体育学院党委书记，现为安徽省教师培训中心主任）

国球世界中的刁文元先生

在我记忆当中最早关于刁文元先生的印象，其实还是来自报纸、广播与电视。先生作为20世纪70年代国乒队员享誉全球，其运动生涯拥有骄人的战绩，是乒坛殿堂级的偶像。2004年，先生从意大利重返故里回到家乡安徽工作，受聘成为安徽师范大学体育学院特聘教授。就此开始，我有幸与先生成为同事，并在之后的教学、训练和竞赛工作中合作搭档多年，可谓人生之幸事也。

赛场上的权威。从球员，到教练、老师，先生一辈子都未离开过他心爱的乒乓球事业。作为共和国乒乓球事业成长、勃兴到持续辉煌的亲历者、见证者与推动者，先生当之无愧是乒坛赛场上的绝对权威。球员时期，先生获得过国际国内多项大赛的冠、亚、季军，受到周总理等多位国家领导人的亲切接见。作为教练，先生更是硕果累累，得意弟子李隼不仅成绩斐然，而且作为国乒女队教练，带出了多名大满贯球员；先生执教的北京队是当时的全国冠军，家喻户晓；先生到海外执教更是推动了所在国家乒乓球水平的整体跃升。来到安徽师范大学，成为一名大学教师，先生继续从事自己薪火相传的乒乓球事业，带领安徽师范大学乒乓球队征战国际国内多项大学生赛事，培养了一批体教融合的优秀弟子，可谓桃李满天下。

生活里的达人。我与先生不仅是工作上的同事，借由工作，我们还成了日常生活里的忘年交。十几年的相处中，先生懂生活、爱生活、乐生活的怡然状态令人羡慕，又令人心驰神往。先生爱喝咖啡、爱听轻音乐、善享钢琴曲，很庆幸他能常与我分享这些人生乐趣。每次先生闲暇时邀我一同品咖啡，我必欣然前往。记得在日本早稻田大学访问期间，一大早起床先生就邀我一同去和他共享日式早餐。先生这种对待余暇的生活方式能陶冶情操，令人身心放松。借此机会我也会与先生畅快交流。在我的眼中，先生是一个有故事的人，他不仅幽默风趣，而且能引起大家思想上的共鸣。说到交流，先生更是让人钦佩不已。记得一次我们带队一同前往日本高校参加校际交流赛，在与日方高校代表交流时，双方尽管语言不通，但先生依旧侃侃而谈，用自己的肢体语言和热烈情绪将会场气氛带动得其乐融融。而在训练与比赛中，先生则严肃不失亲和，严谨但不古板，令年轻学生不仅主动与其沟通，更乐于向其请教。现场的日本乒乓球后援团里很多老人认识先生，不时有人在用肢体语言描述先生。或许这就是先生人格魅力体现之一二。我经常在想，体育本身就是一种生活，这种状态不仅体现在运动过程中，更是会将乐观、积极、豁达的情绪融入日常生活里，先生是这一状态的践行者与分享者。

工作中的楷模。从2004年来到安徽师范大学，先生已经连续从教18年，培养出了一批又一批的人才，其中许多人目前都已经成长为新一代的大学青年教师。大学体育教学与专业队训练差异较大，由于培养目标不同，大学体育教学的教学内容、训练强度、比赛水平等都与专业队迥然不同。尽管先生目前所执教的大学生的运动水平难以匹敌专业运动员，但先生在教学、训练和比赛中的投入却丝毫没有放松，甚至体力、精力的投入更是成倍增加。面对训练中队员水平参差不齐，先生因材施教，为每个人制订了个性化的训练计划。比赛中，赢球时，先生大声鼓励肯定，失利时耐心指导，也不忘继续鼓励。我想正是先生对于乒乓球的挚爱，使得先生能够不急不躁，即使大学生无法达到专业运动员的水平，他也能耐心指导、积极鼓励。更加令人佩服的是，今年已80岁高龄的先生工作中依旧一丝不苟，每天早早来到课堂、训练场，全程指导从不懈怠，赛前备战、赛中指导、赛后总结，所有环节先生都亲力亲为，实是我辈之楷模。

让我说，先生为乒乓球而生，乒乓球也因先生而荣光鲜艳。与先生相处越久，我越能感受到先生对于乒乓球事业的热爱，这份热爱伴随其一生，融于其言行与生活，更激励着同是体育人的我们不断前行，善待人生……

高升

（作者为安徽师范大学体育学院副院长、教授）

刁文元先生与安徽省高校乒乓球教师培训班

2004 年，长年在欧洲执教的安徽籍乒乓球国手刁文元先生，受聘为安徽师范大学客座教授，担任运动训练专业乒乓球专项班教师，开创了安徽省高校体教融合的先例。18 年来，刁文元先生为安徽师范大学和安徽省乃至全国高校乒乓球事业的发展作出了突出的贡献。我自 2004 年起有幸和刁文元先生共事多年，亦师亦友，欣闻《国球名将刁文元》即将出版，特撰写小文，以表祝贺。

2004 年 10 月，安徽省首届高校乒乓球教师培训班在安徽师范大学举办，我担任班主任，刁文元先生担任主讲、主训教师，全省高校乒乓球教师踊跃报名、参训。第一堂课为理论讲座，刁老师主讲"乒乓球运动概述"。刁老师用带有京腔的普通话将乒乓球运动的产生和发展娓娓道来，特别是作为"小球转动大球"中美"乒乓外交"的亲历者，刁老师用自己的所见所闻所思，以诙谐、幽默、富有哲理的高超语言表达艺术，回顾了乒乓球之所以被称为国球的史实。学员全神贯注，既了解了乒乓球被誉为国球的光荣历史，更对乒乓球运动产生了特别的感情。刁老师的乒乓球实践水平堪称大师级，乒乓球理论水平同样造诣深厚。我至今记忆犹新的是刁老师关于乒乓球运动特点的阐述，他说乒乓球运动的难点在旋转，魅力也在旋转，旋转是乒乓球运动区别于其他球类运动的关键点，制造旋转、控制旋转的能力和水平是乒乓球运动水平的重要标志。刁老师还运用丰富的运动力学知识详细分析了乒乓球旋转的机理和制造旋转、控制旋转的要点。

通过理论课的导入，学员们对实践课充满了期待。第一堂实践课，刁老师从握拍、准备姿势和步法开始，手把手地对学员进行了系统的乒乓球运动实践培训。刁老师特别重视发球技术，他说发球是乒乓球运动员唯一主动、不受干扰的一项技术，发球练习可以不受场地、设备、人员限制，一只球拍一个球即可，甚至在房间里也可以对着床铺用球拍练习各种摩擦球技术。发球的要诀除了转与不转外，动作隐蔽、快速更是发球水平的重要体现。全新的理念、先进的教法，让广大学员醍醐灌顶、茅塞顿开。通过半个月的培训，学员们不仅乒乓球技术突飞猛进，教学、训练方法也有了质的提高。

高水平的指导、高质量的训练，安徽省首届高校乒乓球教师培训班在刁老师的辛勤耕耘下取得巨大成功，往后又有了第二届、第三届……

如今刁文元先生已经80岁了，在安徽师范大学辛勤耕耘了18年，仍奋战在教学、训练一线。刁老师德高望重、德艺双馨，桃李满天下。吃水不忘挖井人，聊以此文，为可敬可爱的刁文元先生点赞、祝福！

崔世兵

（作者为安徽师范大学体育学院党委副书记）

业余选手的专业教练

在我国乒乓球界，有位元老级的名将，那就是刁文元先生，他年轻时意志坚强，吃苦耐劳，有一股勇往直前的冲劲，人生经历丰富，年老时老当益壮，宝刀不老，幽默风趣。刁先生桃李满天下，其中既有专业队的教练，如国家队的金牌教练李隼，也有众多业余队的选手，我就是刁老师指导过的业余乒乓球选手。

有幸与国球名将刁老师相识，是在安徽师范大学体育学院工作的时候。记得是在2006年夏天的一个晚上，我正在刁文元乒乓球俱乐部协助校乒乓球队训练，刁老师来到了现场，他给我的第一印象是非常帅气，而且平易近人、和蔼可亲。当时他是安徽师范大学特聘的客座教授，也是校乒乓球队总教练，还兼顾国外一些球队的教练工作，经常来回奔波。

那天他刚从国外回来，就立即来球馆指导校乒乓球队训练。我和他一见如故，立即拜他为师，他非常认可我的工作能力，正因如此，他力排众议，让我担任校乒乓球队女队教练！要知道，师范院校的乒乓球队女队可都是重点队伍，正是在他的指导和帮助下，我带队刻苦训练，最终获得当年的安徽省大学生乒乓球比赛女子团体冠军，取得了我校历史最好成绩！在刁老师的指导和培养下，我全面提升了乒乓球训练指导能力和比赛现场指挥能力。2007—2010年，我因在华东师范大学读博士，没有继续担任教练，但是，博士毕业后，刁老师立即再次让我担任教练。我带领安徽师范大学乒乓球队获得2012年安徽省大学生乒乓球比赛女子团体冠军和单打冠军等更好战绩，令他非常满意。

在安徽师范大学工作期间，我和刁老师几乎每天都见面，他经常主动陪我练球，非常细心地指导我，尤其是在发球技巧方面，我得到了他的悉心指导和一些真传……刁老师的指导，让我受益终身。

在此，分享一件刁老师发球的趣事。1972年，南斯拉夫乒乓球代表团访问中国，在北京首都体育馆，中国队和南斯拉夫队的首场对抗赛，由刁老师出战对阵南斯拉夫主力舒尔贝克。在决胜局，刁老师竟然让对手直接吃了他的 8 个发球，最终以 21：19 赢得比赛。赛后他的临场指挥教练竟然当着众人面毫不留情地批评刁老师："对手吃了你的 8 个发球，你还只是以 2 分险胜，你这球怎么打的？"刁老师当时已是国家队主力队员，也是人生最辉煌时刻，赢了比赛还被当众批评，心中感到有些委屈，就对教练说："我练的就是发球绝技，不靠发球绝技能赢吗？"听到这句话，教练也有些不好意思。

2016 年，我来到杭州师范大学工作后，和刁老师仍然保持密切联系，我经常向他请教乒乓球训练或比赛等方面的问题。我们在杭州也欢聚过好几次。每次和刁老师聊天，都是欢声笑语不断……记得有一次，他带队来杭州参加比赛，怕打扰我工作没有告知我，在比赛结束即将回芜湖时才给我打了个电话。我立即从杭州城西开车两个半小时赶去和他见面。我的突然到来，令他非常感动和开心。虽然见面仅聊了十分钟就分别了，我又花了两个多小时开车回家，但我认为非常值得……

刁老师已至耄耋之年，但是身体非常健康，仍然孜孜不倦地坚持在体育教学和训练比赛的第一线，仍然在指导、帮助年轻教师和学生快速成长成才，可亲可敬。面对他人的质疑，永不服老的师父经常调侃说："秋后的蚱蜢还能跳三跳，何况我是刁大胆呢！"这种心态和精神令我更加敬佩，值得每个人学习……

吴本连

（作者为杭州师范大学体育学院教授）

我眼中的教练——刁文元

　　刁指导1976年从国家队退役后来到铁道兵体工队担任乒乓球队教练。刁指导很酷，执教水平很高，他不仅是我的恩师，更是我十年乒乓球职业生涯的领路人，也是我最尊敬、最喜欢的教练。训练场上他很严厉，但是在平时的生活中却对我们充满了关爱。在技术上，他精益求精，他教会我发高抛球，并且教我在发高抛球时如何用手腕发力摩擦，发出各种不同旋转的球。我印象最深刻的是，有一次在国家队训练时，他把国家队的梁戈亮介绍给我，让我仔细观察他的训练，指导我如何提高削中反攻的能力。1978年夏季在西宁举行的全国分区赛中，我们铁道兵队对阵国家二队。虽然我们最终以总分2∶3输了，但是我拿了2分，分别打败了童玲（单打世界冠军）和魏力婕（全国冠军），这让我非常兴奋。赛前刁指导就鼓励我们一定要敢打敢拼，我能赢得2分，与刁指导赛前的鼓励和比赛中的指导分不开。比赛结束后，刁指导又把我带到国家队教练身边，并针对比赛再给我进行技术上的指导。

1979年春，第四届全军运动会在北京举行，在刁指导的带领下，我们铁道兵男队获得冠军，女队获得亚军。

司利军

（作者曾为铁道兵乒乓球队队员）

国球名将的师大情缘

　　2003年，在乒乓球品牌产品交流会上，某公司经理告诉我，安徽有一个世界冠军、乒乓球名将刁文元先生在圣马力诺任教。我得知此讯息，回到学校立即向体育学院领导报告了此事。当时体育学院刚刚设立运动训练专业乒乓球专项班，可面向全国招生。作为省内第一家设立此专业的高校，我们迫切需要一位高水平的教练执教。学院领导立即开会讨论引进刁文元先生事宜，并积极向学校申请。学校领导在最短的时间内给予了答复，同意聘请刁文元先生为体育学院客座教授，并委派我与刁文元先生对接、交流。

　　初次交流，刁文元先生即欣然接受，表示非常乐意为安徽师范大学运动训练专业乒乓球专项班做点事情，为安徽乒乓球运动发展做点贡献。随后学校、学院积极准备签约、聘任工作，并筹划成立安徽师范大学刁文元乒乓球俱乐部。在学校的大力支持下，赭山校区十一号楼一层被腾出来作为俱乐部球馆使用，并进行了专业化改造升级，为学校教职工提供了一个更好的锻炼场所。同时，学校、学院和相关部门积极筹划成立刁文元乒乓球俱乐部的相关事宜。2004年7月5日，刁文元乒乓球俱乐部成立仪式隆重举行，特别邀请了乒坛名将、国际乒联前主席徐寅生为俱乐部揭牌，同时举办了多场交流报告等活动。

　　在随后的安徽师范大学运动训练专业乒乓球专项班的发展和教学过程中，刁文元教授呕心沥血、勤勤恳恳，不仅要完成专业教学训练任务，还充分利用自身资源扩大对外交流。他曾邀请老友庄则栋、徐寅生到我校指导，还带领学生到意大利、日本等国进行交流、学习。

　　2004年，刁文元先生与我共同引进乒超联赛北京队—上海队的比赛，给广大芜湖市民和球迷带来了一场高水平的赛事，并组织了多场互动活动，为推动乒乓球运动在本地区的普及和发展作出了积极贡献。

　　2008年，中国奥运之年，我当时在北京体育大学访学，其间通过刁文元先生与其老友梁戈亮结识。我偶尔去北京大学乒乓球馆打球，巧遇来馆锻炼的时任全国人大常委会副委员长韩启德先生。当年正值安徽师范大学建校八十周年，通过交流和刁文元先生的谋划，特请韩启德

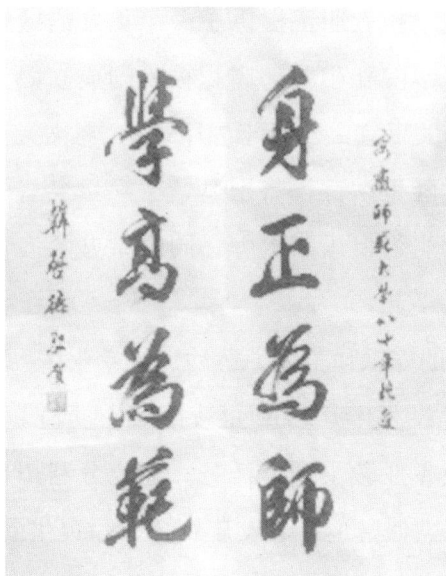

韩启德先生题词

先生为安徽师范大学八十周年校庆题词："身正为师，学高为范。"

丁俊生

（作者为安徽师范大学体育学院教师）

刁文元——安徽乒乓的骄傲

　　我是20世纪60年代通过媒体认识了刁老师，至今已半个多世纪。我们微信一直有互动，并多次坐在一张桌子上共饮。按说我对他的履历应该耳熟能详，可因文章要给众多读者看，我还是慎之又慎，再次查阅百度。

　　可打开网页一看，竟然错讹之处甚多。特重新撰写名人词条"刁文元"，以正视听。

　　刁文元，安徽五河人，生于1943年1月28日（农历一九四二年腊月二十三日）。办身份证时混淆了农历和公历，错将"1942年12月23日"填入身份证上。

　　1945年，刁文元随祖父母和父母从五河迁居到嘉山（今明光市）。

　　1957年4月，年仅15岁的刁文元被选到省队，这个年龄进省队在当时是罕见的。

　　1959年，尚不满17岁的他便代表安徽参加了第一届全运会并勇获男团第八名，进入混双十强。本该在第26届世乒赛之前进入"一百零八将"集训队，谁知阑尾炎手术却和他开了个玩笑。

他于 1962 年正式入选国家队，开启了自己为中国队登顶做好铺路石的人生道路，是国家队登上世界乒坛之巅的第一批弧圈球陪练和幕后英雄之一。由于刁文元弧圈球技术出众并有着自己鲜明的特色，他被队友们戏称为"第一百零九将"。

在随后几年里，刁文元先后和蒋光骝及田莉合作，在全国比赛中获得两次男双第三名和一次混双第三名。

1972 年，这位一直在幕后的陪练终于因为自己的锲而不舍从后台走到前台，他勇夺 1972 年全国五项球类运动会乒乓球男单冠军，并和李景光合作获得男双冠军。接着，刁文元又先后在 1973 年和 1975 年勇夺全国比赛的亚军和季军，创造了 30 岁高龄四五年内处于高水平状态并将冠、亚、季军集于一身的奇迹。

刁文元的优异成绩终于让国家队教练组力排众议接纳其进入第 32 届世乒赛中国男团主力阵容，他也成为中国男团主力中第一个直板方拍反胶弧圈球运动员。在那年的世乒赛上，在李景光状态下滑、郗恩庭和梁戈亮状态失常的情况下，刁文元勇敢地站了出来。在复赛 4∶5 负于瑞典队后对阵匈牙利队时，刁文元一人独得 3 分，确保了中国队以复赛小组第二进入决赛。

由于这一届世乒赛采取的是世乒赛历史上独一无二的赛制，尽管决赛中刁文元和队友许绍发、李景光先后以 5∶4 战胜了日本队和苏联队，但终因前面负于瑞典队的一场比赛而与世界冠军失之交臂。尽管如此，但刁文元无疑是那一届世乒赛中国队的功臣。

1976 年，退役后的刁文元担任铁道兵乒乓球队教练，1978 年又走出国门，先后出任意大利乒协和圣马力诺乒协总教练。之后又于 2004 年、2010 年和 2012 年参加在横滨、呼和浩特和斯德哥尔摩举行的世界元老乒乓球锦标赛，分别和德国的耐保瓦、中国的张学友及王茵合作摘取了男双的金牌、铜牌和金牌。

随着年龄的增长，刁文元心中多了份恬淡。他经常以许多"唯一"而自豪，他说：我是唯一一位被周总理在姓氏之前冠个"老"字相称的运动员，唯一一位由陪练成为主力又让前主力给自己当陪练的人，唯一一位 70 多岁还敢于参加世界元老乒乓球锦标赛并勇夺双打冠军的老主力国手，唯一一位在广州世乒赛期间"一百零八将"聚会时作为"第一百零九将"由徐寅生亲发邀请的人……

刁文元发球(一)

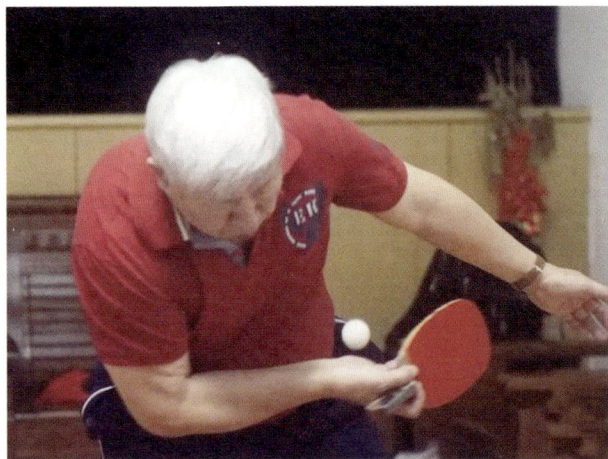

刁文元发球(二)

老刁说，他虽然没能大红大紫，各方面也稍欠点运气，但作为一个运动员，上无愧于国家，下对得起自己，这辈子没有白活。

徐寅生更是在多种场合调侃老刁："像你这样豁达乐观，是绝对不会得老年痴呆的。"

沈正一

（作者为国内著名乒乓球理论研究者、乒乓球爱好者）

我的老师刁文元

　　各位读者朋友好，我是刁文元老师在安徽师范大学执教期间的学生。今天我想从工作、生活、贡献三个方面和大家分享我心目中的刁老师。

　　2010年9月，我来到安徽师范大学，成为体育学院的一名大学生。那时，怀揣着激动和仰慕的心情来校报到，内心迫切希望尽快见到刁老师并得到他的指导。因为刁老师不仅是一名普通的老师，更是我们安徽乒乓球界的"天花板"。为什么这么说呢？因为安徽省自成立乒乓球专业队以来，刁老师创造了多个第一和唯一。至今60多年过去了，他取得的成就在安徽还是无人能够突破。他60多岁从圣马力诺回国后本可功成身退，安享晚年，但刁老师曾不止一次遗憾地说："我当教练为北京队培养过优秀运动员，为铁道兵乒乓球队培养过优秀人才，在意大利和圣马力诺执教20多年，为其国家队作出过许多贡献。可作为安徽人我偏偏没有为安徽培养过人才，这是我一直以来的憾事，也是我当初选择来安徽师范大学执教的原因。"

工作中刁老师是严谨敬业的。我来学校的第一学期并没能如愿见到刁老师，那时只听说他身体欠佳，暂时休息一学期。起初我也没太在意，几年后才得知，原来那半年刁老师做了心脏支架手术，当时他的身体情况非常不好。如今十多年过去了，刁老师凭借对乒乓球运动的热爱、对教育事业的责任心和对学生的深厚感情，依然活跃在我们身旁。

另外，我最敬佩刁老师那种对学生不计回报的奉献精神。每年当学生们需要备战全省或全国比赛时，刁老师都会第一时间组织学生集训。要知道，集训都是在周末或节假日进行，比如2021年安徽省大学生体育联赛乒乓球比赛的时间是10月底。在国庆节假期，刁老师每天下午都带领学生在训练馆集训。集训期间，学校没有任何补助，学生也不需要交任何费用。这种敬业精神和奉献精神，仅仅是因为他希望学生能在比赛中取得优异成绩。

生活中刁老师是一个非常幽默的人，他喜欢和学生逗乐，有时喜欢与学生开玩笑，有时也喜欢自我调侃一番。记得每年新生刚来上乒乓球课时，刁老师总喜欢问学生几个问题："你参加过世界比赛吗?"学生摇摇头。

刁文元与学生朱树笙合影

"那你在全国比赛中拿过奖吗？"学生还是不好意思地摇摇头。这时，刁老师会一边将大拇指指向自己，一边笑着说："我都有。"很多学生不明白刁老师的用意，以为刁老师是在自吹自擂。其实，刁老师是想告诉学生，年轻就应该把有限的时间充分用到学习与训练中，不断打磨自己的综合素质，朝着更高的人生目标去奋斗。考上大学只是人生的第一步，往后的路是宽是窄，还得看自己平时的积累。

另外，刁老师总喜欢自我调侃："我有两个女儿，大女儿结婚多年一直不要小孩，小女儿40多岁一直不结婚，她俩这是怕影响我热爱的乒乓球事业，所以一直不给我享受天伦之乐的机会。"刁老师住的地方离学校较远，骑自行车来学校得50分钟左右，但他多年风雨无阻一直坚持骑自行车上班。学生和同事们经常关心他："下雨天您就别骑车了，这样不太安全。"刁老师总是淡定地说："没事，等哪天你们看不见我的车了，你们也就看不见我了。"看似幽默的背后，其实也深藏着他内心深处的许多无奈与不舍。无奈的是，时光飞逝，任谁也无法留住；不舍的是，他早已把身旁这些可爱的学生，当成自己的孩子。

谈到贡献，刁老师这一生的不同阶段有为国家争夺过荣誉，有代表国家出国援外，有培养过世界冠军，晚年来到安徽师范大学，为体育学院培养出许多优秀人才，如今他的学生在全国乃至世界发光发热。虽然我不是刁老师最出色的学生，但我是待在他身边时间最长、受益最多的学生！我人生中第一次出国是在 2012 年夏天，跟随刁老师出访日本早稻田大学，人生中第一次参加世界级比赛是在 2018 年夏天，刁老师向国家体育总局相关领导申请，让安徽师范大学乒乓球队与国家青年队一同参加国际乒联朝鲜公开赛。我 2014 年毕业能顺利留校工作，更离不开大学期间刁老师的谆谆教诲和辛勤栽培。相识至今已十多年过去了，庆幸每天在球馆里还能听见您熟悉的声音、幽默的语言，看见您和学生们谈论时的笑容。

人生的长度有限，但宽度无限。我希望在接下来的岁月里，身边始终有刁老师同在，陪我们聊天，教我们打球，与我们谈论人生的经历与感悟。因为您就是黑夜里的一丝光，时常指引我到达天亮！

朱树笙

（作者为安徽师范大学体育学院教师）

学为人师，行为世范——我眼中的刁老师

时光流逝，白驹过隙，2005 年入学的我幸运地成为刁老师的学生。2014 年教师节期间，习近平总书记曾在与北京师范大学的师生代表座谈时，就如何做一名好老师提出了四点要求，即要有理想信念、有道德情操、有扎实学识、有仁爱之心。在我的眼中，刁老师就是一名好老师。

第一，刁老师热爱乒乓球事业，是一名有坚定理想信念的中国乒乓人。

中国乒乓球队里人才辈出，国内的竞争激烈早已被众人所知。1964 年，刁老师拼进人才济济的中国乒乓球队，浮沉十年，当过陪练，参加过世界比赛，于 1973 年获得最能代表个人竞技实力的全运会男单和男双冠军。这个结果不仅代表了他的乒乓球竞技实力，也反映出了刁老师的意志品质。

退役后，刁老师不仅先后执教意大利国家队、北京队

男队、圣马力诺国家队，而且在个人乒乓球技术提升的道路上也从未停止奔跑，依旧参加竞技乒乓球比赛。2004年，62岁的他参加第12届世界元老乒乓球锦标赛，代表中国夺得双打冠军，这是中国人在该项赛事中获得的第一个冠军。如今，年已八旬，刁老师依旧活跃在乒乓球运动的教学一线，带领学生打交流赛，参加全国乃至世界的比赛。

刁老师的过往，向我展示了一种精神，一种"一直在路上"的精神！

第二，刁老师是一名有道德情操的好老师。

刁老师热爱教师职业，对学生负责。虽然训练馆离家较远，但从不见他迟到。回想学生时代，每逢刮风下雨的天气，我总有偷懒之心。在去训练馆"遥远"的路上，心里就会猜想："刁老师年近70了，这天气，他不会来了吧。"就在我临近训练馆做出"他不来"的假设而窃喜之时，会见到风雨中的那抹"亮色"。印象中，也从未见过他早退。

刁老师教学非常认真。每次上课，他都会让我们集合、整队并点名。那时不懂事的我们，将这种行为视为一个笑话，因为运动训练专业乒乓球专项班按年级分班上课，我们这个班不足 10 人，有时不足 5 人。课程结束后，就此事和老师闲聊时问他："就咱这几个人，为什么要集合、整队、点名？"当时，刁老师答："这是一种形式，这个形式能让你们进入状态。"年少的我们，打着哈哈，相视一笑，不以为然。若干年后，当自己也成为一名老师后，才理解刁老师的做法，并对此深以为然。因为，对教学而言，"集合、整队、点名"是教学实施中必要的环节，是教学过程的开始；对训练而言，这是一种仪式感。

刁老师会认真备好每一堂课。在集合、整队、点名后，他就会翻开他的那本 A4 纸张大小的文件夹，里面夹着一张张手写的教案。时隔多年，已经记不清刁老师教案的格式和内容了，只记得老师用黑色水笔手写的、有力的字形，以及手画的格子。

第三，刁老师有扎实的、与时俱进的乒乓球技术。

我是 20 世纪 80 年代末出生的，只在电视上见过中国乒乓球队的运动员，对中国乒乓球的"强"只有"冠军数"的外在认识。因此，初识刁老师时，也只知刁老师的外在"符号"——乒乓球运动健将、全国冠军、意大利乒协总教练、北京队男队主教练、圣马力诺乒协总教练等，不识刁老师的"内涵"。和刁老师对练了几次，就发现刁老师的技术水平很高，他一发球，我就"吃发球"，因为我判断不清刁老师发球的旋转。他只用推挡，我就得满球台"奔跑"，因为他的球落点太"刁钻"，球都落在边线上。

作为中国第一代弧圈球人，刁老师和我们聊中国弧圈球技术从不被接受到被认可，由非主流技术到如今成为主流技术的发展历程。他会告诉我们弧圈球技术的优点："弧圈球作用范围较广，除了用于进攻外，也可用于控制和防守，在不能发力进攻时，可用弧圈球的旋转控制对方，这是攻球的撞击所不能及的"，"弧圈球的基础是判断和手上摩擦球的感觉，需要根据来球调节摩擦和撞击的比例"，"撞击球是可以借力的，但是拉弧圈球是要主动发力的"……这些都是我从刁老师的课堂中习得的，历久弥新。

刁老师常说，时代在变化，乒乓球技术也在变化。近些年，拜访刁老师时，他会与我们谈论张本智和、伊藤美诚等日本新生代运动员的技术体系特征，也谈弧圈球技术的变化，谈如何练习新技术——反手拧拉。

第四，刁老师有一颗仁爱之心。

上学时，刁老师会请乒乓球专业的学生吃大餐。他第一次带我们去吃西餐时，我们觉得受宠若惊，随着吃饭次数的增多，我们逐渐习以为常。在餐桌上，我们与刁老师聊接发球的问题、比赛中的困境，以及比赛失利的心态等。刁老师告诉我们，在训练内容中，安排专门的接发球技术练习是必要的。比赛中的困境是考验我们摆脱困境能力的时候。要"算计"球，大路不通，就要走小路。想不到输的人输了，想不到赢的人赢了，这是一种偶然性，虽然让人不快，但它也是竞技乒乓的有趣之处。直至参加工作后，我才明白刁老师领我们吃大餐的用意。

　　毕业后，每当有乒乓球技战术方面的问题，微信请教刁老师，他都会认真地给出详细的回答。2019年的某天，我突然收到了刁老师的微信，他询问我的邮寄地址，并告诉我，他看到一种长胶，既能防守，也能进攻，非常适合我，要寄一块让我试试。我试用后，确实如刁老师所说，我到现在仍在使用刁老师推荐的长胶。

　　回顾和刁老师相处的点滴，老师是优秀的引路人，老师的一言一行，在潜移默化中影响了我。我作为一名体育教师，乒乓球技术是无法达到老师的高度了，愿自己能坚守老师对教学工作认真负责的态度，将勤补拙，向学生传授老师的知识。

最后，愿刁老师身体康健，快乐每一天！

陈　静

（作者为江苏大学体育部教师）

与刁指导在北京队的日子

我进国家队时还不满18岁，那时刁指导是世界名将、中国队的主力队员之一，能和偶像级前辈一起训练我感到非常荣幸和高兴。记得1975年我第一次代表中国乒乓球队访问日本前，刁指导专门和我训练，指导我对战日本队员的技战术，使我受益匪浅。让我印象最深的是，在1972年全国五项球类运动会乒乓球男子单打决赛上，我近距离观看了刁指导对阵当时的世界冠军都恩庭的比赛，他在第三局12∶18落后的情况下，临危不乱、连扳多分，最后以3∶0勇夺冠军。除了当时无人能及的反手发球绝招以外，他还有顽强的意志品质和拼搏精神，他是我崇拜的偶像。

刁指导幽默风趣。记得在国家队进行哑铃力量训练时，刁指导一边哼唱"外练筋骨皮啊，内练一口气"，一边完成动作。我也照着做，感觉很有意思，既能完成动作，还感觉没那么累。后来我才感觉到运动员这口气的重要。

刁指导经常语出惊人。记得在一次国家队男队参赛人选讨论会上，教练、领队、主力队员、老队员十多人各抒己见，有的说应该出甲，因为他思想过硬；有的说应该出乙，因为他技术好；有的说应该出丙，因为他很顽强；有的说某某不行，个人患得患失太严重；等等。会议开了半天，这时候刁指导说了一句掷地有声的话："是骡子是马，拉出来遛遛。"这时大家都不说话了，都很认同。后来他的这句话成了我们那个时代国家队的名言。我认为更重要的是这句话体现了公平公正的体育精神。

在平时的工作和生活中，刁指导经常使用情理之中而意料之外的语言，既有极强的感染力，也不失幽默。我们都很喜欢他。

刁指导执教能力强。刁指导到北京队当主教练后，使整个队伍健康发展，不但使滕义、王燕生、杨玉华的水平进一步提高，还培养了一批年轻队员，并取得了全国团体冠军的好成绩。

刁指导热爱乒乓球运动。最难能可贵的是，他能放下冠军的架子，不怕输球，参加业余的中老年乒乓球比赛，与业余的球迷一起享受打乒乓球带来的乐趣。

8年前在一场比赛中，刁指导对阵一个较为年轻的队员。我开玩笑地说："刁指导今天的发球怎么不灵了？"刁指导幽默地说："发球也要力气啊。"大家哄堂大笑。他是在用玩笑话告诉球友一个道理，即使是发球也是基本功，需要浑身协调发力，需要力量，否则就发不出高质量的发球。

2012年，我和刁指导一同参加了在瑞典斯德哥尔摩举行的世界元老乒乓球锦标赛。国际乒联主席沙拉拉在开幕式上说：世界青少年乒乓球锦标赛、世界乒乓球锦标赛和世界元老乒乓球锦标赛是同样重要的三项赛事，参赛不仅仅是为了拿冠军，更重要的是重在参与和享受乒乓球运动的快乐。刁指导不仅参加了这届比赛，还在比赛之余赶过来为我做场外指导。

刁指导还非常友善和谦虚，他对待同事、下属、业余球友、球迷都非常友善和平易近人。

祝刁指导健康快乐！

卢启伟

（作者曾为刁文元执教北京队时的队员，世乒赛亚军、全国冠军）

我们心中的刁文元老师

　　在我们的人生中，会遇到各种各样的人，或许他们会在成长的道路上陪伴着你，或许当你迷茫失落之际他们为你指明前进的方向。今天我们想说说我们人生的"引灯者"刁文元老师。2014 年考上安徽师范大学的我们，早早得知刁老师在乒乓球界赫赫有名，所以热爱乒乓球的我们迫切地想早日见到刁老师，一想到自己即将成为球队的一员接受刁老师的指导，我们就会感到无比荣幸。

　　初见时的印象。初见刁老师时和想象的不太一样，我们想象中刁老师应该是严肃的、严厉的，但和我们想象的恰恰相反，刁老师对我们非常好，他会骑着赛车，戴着非常酷炫的头盔，意气风发地向我们骑来。在训练中他会在幽默轻松的氛围下向我们普及乒乓球专业知识，跟我们讲述他训练、生活或者在国外执教时的心路历程，这些都是资料里查阅不到的，让我们更加深入地了解刁老师过往的经历。虽然只是听刁老师说，但我们也感同身受，体会到了快乐、奋斗、挫败、感动，学到了许多做人做事的道理。在训练中，碰到疑惑的技术时，刁老师总是解释得通俗易懂，让我们豁然开朗，这可能只有在挥了无数次拍子，打了几千场比赛，对技术完全掌握的情况下才可以解释得非常清晰吧。这让我们更加崇拜刁老师。

从大一到大四期间，通过学校课程学习和球队训练，我们从懵懂到成熟，在校学习书本知识，在训练中提高自身水平。其间刁老师经常带领我们参加各个省市或国外的比赛，或是邀请队伍来我校进行乒乓球交流。通过这些大大小小赛事和交流，我们的乒乓球水平不断提高，

刁文元与学生季瑞龙合影

刁文元与学生
万洁茹合影

我们不断领悟到如何发挥自己的优势，如何控制场上局面，如何临场发挥出自己的最佳水平。在比赛进行到关键球时，刁老师会用自己几十年的经验准确无误地告诉我们下面的技战术，帮助我们赢得整场比赛。他带领安徽师范大学乒乓球队拿过很多次团体冠军、单打冠军。

引导人生方向。刁老师对我们来说就是一盏明灯，照亮了我们夜行的路。时光如梭，转眼间我们已经毕业几年了，虽然现在刁老师不能在我们的身边指导，但是他的话一直深深烙印在我们心中，碰到比赛中的难题向他请教时，他依旧尽心尽力地帮助我们分析问题，解决问题。刁老师将自己毕生学习到的知识、技术、经验无条件地奉献给有梦想、有激情的年轻人，为他们未来的人生道路指引方向。

如今80岁高龄的刁老师依旧保持乐观的心态面对自己的学生。虽然我们已经毕业，但在成长的道路上我们始终记着刁老师的教导，告诫自己要无私奉献，踏踏实实做事。希望时间可以慢一点，希望刁老师永远身体健康、开心快乐！

季瑞龙　万洁茹

（作者为刁文元学生，二人分别获得过安徽省运动会单打冠军、团体冠军）

我眼中的刁文元老师

司马光说："经师易遇，人师难遇。"单纯教授知识的老师容易遇到，为人师表、德高望重的老师却很难得。而我非常有幸认识了刁文元老师——他教授我知识，传授我技术，为人师表、德高望重。

那是 1998 年 8 月的一天，炎炎夏日也挡不住我们训练的步伐，刁老师就突然跃进我的眼里——身姿挺拔如松，气质稳韧如柏，这就是刁老师给我的第一印象。

对于当时还在安徽省乒乓球女队当队员的我来说，这位现场给我们进行指导的人是谁，我并不了解，在我们主管教练的介绍下，我们才知道他叫刁文元。"那可是我们安徽的骄傲，乒乓球全国冠军、世界冠军……"一长串的名号震颤着队员们的耳朵，响当当地敲在我们的心头上。原来他就是刁文元！

刁老师要在省队选拔家中条件不好但最能吃苦训练的孩子去圣马力诺，代表他们俱乐部参加甲级联赛。当时我想，如果我能去该多好呀！有了这个难得的机会，我们个个都很激动，很珍惜，认真刻苦地训练着。我的教练杨路明推荐了我，刁老师也觉得我这株"小幼苗"还不错。天赋和勤奋，刁老师认为勤奋更重要，他知道我能吃苦，无伤病，很能练。9月底，我如愿以偿成为刁老师的学生。

在异国他乡，语言不通，环境陌生。虽然不太适应，但训练不能耽搁。刁老师每天不辞辛苦地帮我训练，他严肃认真，不带笑脸，多球、单球、小提拉，我得一个

刁文元带领圣马力诺乒乓球队参加比赛（前排右二为闫赤梅）

不落；每天必须进行30分钟以上的发球训练，一板一板地积累，苦练。严师出高徒，在刁老师的指导下，我的乒乓球技术一天一天地变好。印象特别深刻的是，当时我正手只有撞击没有摩擦，只会打不会拉弧圈球，他就指导训练我，一板一板地拉……就这样，正手多个技术，多一板弧圈球，现在已经成为我得分的关键技术。

丹心热血沃新苗，克勤尽力细心栽。远离爸妈，没有空闲，只有长期两点一线的高强度训练，小小年纪的我在训练中有时候会有些小情绪，不认真练，拉着一张苦瓜脸。现在想想真难为情。可那时刁老师从不和我计较，反而和蔼地笑着说："和你计较啥？你跟我女儿一样大，我就像多个女儿一样，你远离爸妈，有小情绪也正常。"他理解我的感受，包容我的情绪，让我心里感到很温暖，只能用更加认真的训练态度去回报他的一番苦心了。

"师者人之范，辨惑正吾疑。"刁老师在训练中不仅以身作则，为人师表，而且是我乒乓舞台上的定心丸。当我这株"小草"见识了来自各地的乒乓球高手后，我才发现人外有人，天外有天，我就是浪潮面前的纸老虎，瞬间"蔫了"。我的心乱了，竞争压力这么大，我还能行吗？我该怎么办？这时是刁老师不遗余力地抓我训练，指出我的不足，让我踏踏实实练好每一球，不求胜人，先求自胜，唯有自己一小步一小步地超过先前的自己，才能有长足的进步。他让我浮躁的心绪沉静下来，让我知道水滴石穿需要毅力和坚守，碧树苗长需要沉默和厚积。后来他带我参加意大利甲级联赛、欧锦赛、欧洲小国运动会等，极力让我这株幼苗接受比赛的洗礼，锻炼我的筋骨，磨炼我的意志。每次比赛，只要他给我指导，看他在比赛中冷静果断，运筹帷幄，我的心就很定，比赛中该赢的球基本不会输。是刁老师让我看到了教练对运动员的重要作用，我被他的魅力深深折服！

我很敬服刁老师，他高山景行，如苍松劲柏，是我翘首效仿的标杆；他术业专攻，指导有方，是我双翼下振翅的风。2005年5月，第48届世界乒乓球锦标赛在上海举行，当时的我没有世界排名，小组里没有我，我要入围，抢号，才能打小组循环赛。在我这株小苗两股战战时，刁老师握紧拳头鼓励我："人生能有几回搏！比赛就是搏杀，搏好每一球，胆子放大，果断，赢了就是赚的，输了也正常，调整好心态！"他还用自己的亲身经历告诉我，他是以陪练身份进国家队的，几进几退，从没放弃，他说，陪练也是为国家队作贡献……

听他说了很多，我坚定了打好这次比赛的决心。最终我为自己赢得了好成绩，也创造了自己的历史。

从在安徽队的初生牛犊，自视甚高，到随师远涉他乡的自信破碎，骄傲扫地；从一个战战兢兢拿起球拍奋力反击的小小选手，到一个赛场上沉着应战，生活里能独当一面的大人，从始至终，都有刁老师在前方引领我前行。

这就是我心中的刁老师，他的人生经历、生活阅历、执教履历都非常丰富。他是伟岸挺拔的树，曾默默餐风饮露，结过成熟的果；他鹤发银丝，却也甘为孺子牛，俯身为落红。现在在他的身后，早已崛起一片片郁郁葱葱……而我只是莘莘林木中的一株。

岁月依依，山高水长。在这里，真诚地感谢刁老师！

学生以生命的翠绿向您致敬！

闫赤梅

（作者为刁文元学生，曾进入第48届世乒赛女单32强）

刁文元老师帮我圆了大学梦

认识刁老师源于 2020 年那场高考。

当时临近高考，所有队员每天都在艰苦练习，我也不例外。虽然每天的训练量很大，很辛苦，但我总是觉得进步得很慢，没有收获到努力果实的我逐渐对高考失去了信心。这个时候刁文元老师的出现对我来说可谓是黑夜里亮起的那盏明灯。

一开始我是从别人的描述中了解到刁老师的，他是我国著名的乒乓球运动健将，乒乓球全国冠军、世界冠军，是安徽的骄傲！我还特意去网上搜寻了刁老师的比赛视频，看到了他的辉煌历史，也重新燃起了高考的斗志。

在接触刁老师之前，我有些紧张，资质平平的我在刁老师面前显得很没有信心。但在和刁老师交谈的过程中，我了解到他是一位和蔼且可爱的人。

很快我便投入训练当中。我记得刁老师一开始便教导我："想要练好球，就得先理解球。"他教给我的知识是我在之前的训练中从未想过和理解过的，这无疑为我打开了乒乓球新世界的大门。一开始我的基础没有那么好，我的拉球只有摩擦，缺少向前的力。刁老师耐心地指导我，纠正我的练球姿势，不厌其烦地提醒我记住那些练球的要点。

最让我印象深刻的是刁老师指导的发球技巧。在比赛中，一个好的发球无疑对自己是非常有利的。刁老师告诉我，发下旋球的时候球与球拍的摩擦时间要长，发过去的球只要能停留在球台上，就是好发球。刁老师每天在训练中都会给我半个小时的时间来练发球，我在训练中逐渐领悟了要点，训练过程也变得愈加顺利起来。

在训练了一段时间后，刁老师给了我实战的机会，让我和不同的人打比赛。虽然在平时的训练中我感受到了明显的进步，但在比赛的过程中我意识到，我离自如地运用学到的技术还有很长的路要走。那时一同陪我训练的还有我的父亲，有时我们会因为比赛中我的发挥不当而发生口角。当时我十分气馁，又有些难为情，不能控制自己的小情绪，而这个时候刁老师不但没有和我计较，还耐心地开导我，使我静下心来。我十分感激刁老师能够理解我，支持我的想法，他在我的乒乓球生涯中给予我很大的信心，得遇良师，何其有幸！

逝者如斯夫，不舍昼夜。很快就到了高考的那一天。早上我怀着忐忑的心情收拾装备赶往考场，在路上我收到了刁老师的信息，他这样说道："可心，发球离球台近一点，但是一定要像平时那样用力。接发球应果敢判断、搓拉结合。打来回如失误多则要放慢速度、少失误，但要注意落点，机会球千万别急！"当时的那一段话像是定心丸，给了我很大的信心和鼓励。

虽然我第一次统考的成绩不是很理想，但我通过了高水平运动员考试，考上了广西大学。在这段备考的时间里，虽然没有刁老师的指导，但他之前的教诲我一直没有忘记，也学会了调整心态，用放松且自信的心态去迎接考试。这些都使我受益匪浅。

一朝沐杏雨，一生念师恩。刁老师细致且严谨的治学态度深深感染着我，让我在那样困难的时期取得球技上的突破。感谢刁老师给我传授的诸多乒乓球知识，以及在训练中给予我的巨大鼓励。再次表达我最真挚的谢意，向他致敬！

陈可心

（作者为刁文元学生，曾获福建省运动会女双冠军）

感谢刁指导[①]

第一次见到刁文元是在 1979 年，当时他被任命为意大利乒乓球队的教练，我和我的队员都很兴奋能被一位世界冠军带领。

我记得在最初的一次训练中，他教我反手发球，一种用相同的挥拍动作进行的下旋、上旋和无旋发球。这是一种入门的学习，当时我只有 21 岁，但它立即让我通过发球提高了比赛水平，而我的对手对这种变化感到困惑。

为了备战 1979 年在平壤（朝鲜）举行的世界乒乓球锦标赛，我们在中国北京进行了两周的训练。训练期间，我们都体会到了每天紧张训练的价值，并发现了乒乓球运动的专业性。在刁文元的帮助下，我们在世乒赛上取得了成功。在意大利乒乓球历史上，我们第一次晋级为中国、日本、瑞典和韩国等乒乓球运动较发达的国家而设的锦标赛组。我们意大利赢得了与世界冠军比赛的机会。

---

① 本文由刁文元在意大利任教时的弟子马西姆·康斯坦丁尼所写，译者赵卫东，后附原文。

对我来说，1980年是我作为职业运动员最棒的一年。事实上，在伯尔尼举行的欧洲乒乓球锦标赛期间，除了出色的团队表现外，我还成功进入了欧洲前16名，击败了1975年加尔各答前世界冠军伊斯特凡·约尼尔，当时他是欧洲乃至世界上最强大的球员之一。这是一场精彩的比赛，我有良好的体能，我努力地反击和不断地来回拉球。

在下一轮比赛中，我被瑞典人斯特兰·本格森拦住了，他是1971年的一位世界冠军。

刁文元对我来说非常重要，他的指导和经历堪称楷模，我们一起分享了那段美好时光的悲欢离合，我永远不会忘记。

随后，我的职业生涯因为有了许多国际比赛的经历而变得更加丰富，直到作为意大利乒乓球队的一员，我已为我的国家服务了25年，并代表意大利参加了超过500场的团体比赛。此后，我决定停止比赛并开始新的教练生涯。

2022年6月，澳大利亚全国青少年乒乓球锦标赛现场合影（左一裴正存为澳大利亚乒乓球俱乐部教练，左二Scott Houston为澳大利亚乒乓球协会总经理，左三Eva Jeler为澳大利亚国家乒乓球队教练，左四Massimo Costantini为国际乒联专职教练，左五Sophia Zhou为女单冠军，左六John Murphy为澳大利亚乒乓球协会总教练，左七赵卫东为澳大利亚国家青少年乒乓球队教练）

在有了第一次出色的工作——担任意大利乒乓球队教练之后，我在阿拉伯联合酋长国、印度、美国待了几年，之后在印度又待了几年，后来作为一名高水平精英教练加入了国际乒联。

在2018年的英联邦运动会上，我带领印度女队在决赛中夺得金牌，引起了不小的轰动。凭借这些在印度队执教期间取得的辉煌成绩，2018年我被国际乒联评为最佳教练。

今天，我担任高绩效精英教练，负责识别和引导世界各地的乒乓球人才走上职业道路。

人生是由许多人和许多不同片段组成的，这些片段标志着每个人的旅程。我很感激在我作为一名运动员和职业教练的生涯中，能遇到像刁文元这样特别的人，谢谢刁指导！

作者马西姆·康斯坦丁尼，译者赵卫东

（马西姆·康斯坦丁尼，意大利全国冠军，2018年被国际乒联评为最佳教练，现为国际乒联专职教练。赵卫东，刁文元弟子，原为铁道兵体工队队员，曾获全军冠军，现为澳大利亚国家青少年乒乓球队教练）

Thanks for Diao Wenyuan's Guidance

Massimo Costantini

The first time I met Diao Wenyuan was in 1979 when he was appointed as coach of Italian Table Tennis Team. My team members and I were excited to be led by a world champion.

I remember in one of the first training sessions he taught me the backhand serve, a kind of backspin, topspin and no-spin serve with the same racket action. It was an initiation, and I was only 21 at the time, but it immediately allowed me to improve my game by using the serve and my opponents were bewildered by the variation.

For the preparation of the 1979 World Championships in Pyongyang (North Korea), we trained in Beijing, China, for two weeks during which we all learned the value of intense daily training and discovered the professionalism of table tennis. With the help of Diao Wenyuan, we achieved success at the World Championships, and for the first time in the history of Italian table tennis, we were able to advance to the Championships Division reserved for the more developed countries of China, Japan, Sweden and Korea who aspired to win the World Title.

For me, 1980 was the year of my dedication as a professional athlete. In fact, during the European Championships in Bern, in addition to the great team performance, history was made, and I managed to reach the top 16 in Europe, beating none other than the former world champion Istvan Jonyer of Hungary in Kolkata (IND) in 1975, who at that time was one of the strongest players in Europe and the world. It was a great 3-2 game with a good physical effort, playing on the counter-attack and putting up crazy shots.

In the next round, I was stopped by the Swede Stellan Bengtsson, another world champion in 1971.

Diao Wenyuan was very important to me, and his guidance and experience was exemplary. We shared the joys and sorrows of those good times together, which I will never forget.

My career was then enriched by many other international experiences until, after 25 years of service to my country as a member of the Italian Table Tennis Team and having represented Italy with over 500 team matches, I decided to stop and start a new career as coach.

After an excellent first stint as Italy coach, I spent a few years in the United Arab Emirates, India, the USA, and then a few more years in India before joining the ITTF as a high-performance elite coach.

At the 2018 Commonwealth Games, I led the Indian Women's Team to the gold medal in the final against the 2010 World Championships in Singapore, which caused quite a stir. Owing to these resounding results at the helm of the Indian team, I was named the best coach in the world in 2018.

Today, I hold the position of high-performance elite coach, responsible for identifying and guiding talent people around the world on their career paths.

Life is made up of many episodes that mark people's personal journeys. I am grateful that in my career as an athlete and then as a professional coach, I have met someone as special as Diao Wenyuan. Thank you Diao for my guidance.

我的恩师刁文元

　　我的恩师刁文元，1976 年从国家乒乓球队退役来到铁道兵体工队当乒乓球队主教练。我十分感谢恩师刁文元教会了我世界上最先进的两面拉旋转技术，为我后来成为乒乓球专业教练打下了牢固的基础。1979 年，正是因为使用两面拉旋转打法，丁毅成为乒乓球男子单打世界第三。

　　1984—1991 年，我担任福建省乒乓球队女队教练，培养了世界冠军陈子荷。1989 年，我被国家派到科威特做乒乓球援外专家。1991 年至今，我在澳大利亚从事乒乓球教练工作，现为澳大利亚国家青少年乒乓球队教练。2005 年至今，任澳大利亚国家队助理教练。2014 年，澳大利亚青少年乒乓球队参加上海世界青少年乒乓球锦标赛，我担任教练。2012—2016 年，澳大利亚国际乒乓球邀请赛为中澳乒乓球友谊交流做出了重要贡献，我被澳大利亚前总理艾伯特和托尼·阿博特接见。

　　2016 年至今，在恩师刁文元的帮助下，红双喜一直赞

澳大利亚前总理托尼·阿博特接见澳大利亚乒乓球运动员（右四为澳大利亚前总理托尼·阿博特、左一为李子涛、左二为澳大利亚国会议员 John Alexander、左三为赵卫东）

助澳大利亚乒乓球协会乒乓球系列器材。2019 年，我荣获澳大利亚 25 年特别志愿者贡献奖。这一切成绩和荣誉的取得都离不开恩师刁文元的教导，他教会我做人做事，教会我认真负责的敬业精神。我永远感恩我的老师刁文元。

赵卫东

（作者是刁文元弟子，原为铁道兵体工队队员，曾获全军冠军，现为澳大利亚国家青少年乒乓球队教练）

附录 刁文元简历

刁文元，生于 1943 年 1 月 28 日（农历一九四二年十二月二十三日，壬午马年），祖父刁蓬仙，祖母沈氏，父亲刁联珊，母亲车氏。刁文元出生于安徽东北部五河县大井巷，出生时曾祖父 75 岁，所以乳名叫"七五"。刁文元自小胆大顽皮，得了一个"刁大胆"的雅号。

1946 年

刁文元一家迁至安徽省嘉山县明光镇（现为明光市）。

1947—1949 年

刁文元起初上的是明光小学，中华人民共和国成立后改上离家较近的建设小学。小学三年级在体育课程中开始接触乒乓球。

1950—1957年

在安徽省嘉山县明光镇建设小学、嘉山中学读书。中学快要读完时，蚌埠专区举办了一次中等学校学生乒乓球比赛，刁文元参加比赛并获得第二名的成绩。蚌埠专区体委的一位负责人马俊甫（刁文元的领路人），让刁文元代表嘉山县参加全省乒乓球锦标赛。虽然此次比赛刁文元没有获得名次，但他赢了合肥市乒乓球冠军黄福生。

1957—1959年

进入安徽省队，开启了乒乓球运动员的生涯。当时安徽省队有6名男队员，2名女队员，其中有安徽省的冠军袁芝祥。

1959年9月13日至10月3日，第一届全国运动会上，刁文元代表安徽省乒乓球队出战，获得了团体第八名、混双第十名。

1959—1960年

国家体委从全国青少年比赛和第一届全运会中选出来

自全国各省市的170多名优秀乒乓球运动员编成三个队，分别在北京、上海、广州集中训练。安徽省队刁文元荣列其中，另外还有两名女运动员入选，分别是王智明和周美珍。

1961 年

1961年4月，第26届世界乒乓球锦标赛拉开战幕，周恩来、邓小平、贺龙等党和国家领导人，以及国际乒联主席蒙塔古等各国来宾出席了开幕式。此次比赛中的"弧圈形上旋球"深深印在了刁文元的脑海里。观摩完第26届世乒赛从北京回到安徽后，刁文元将训练重点转到弧圈球技术上。同年10月，北京队到合肥访问，刁文元的新打法让人耳目一新，并在比赛中战胜了北京队的许大皖等主力队员。刁文元的技术水平与国家队弧圈球高手余长春、廖文挺、何祖斌、吴小明等不相上下，引起了国家队教练梁友能的关注，之后被选入国家乒乓球队集训，作为陪练备战第27届世乒赛。

1963 年

1963年4月5日至14日，第27届世界乒乓球锦标赛在捷克斯洛伐克首都布拉格举行。中国队以5：1击败了日本队，蝉联男子团体世界冠军。

1963年7月16日，陈毅出席第27届世界乒乓球锦标赛中国乒乓球队评功授奖大会，刁文元等甘当铺路石、甘当无名英雄的陪练队员被授予三等功。同年11月，在全国乒乓球锦标赛中，刁文元搭档蒋光骝夺得男子双打第三名。

1964年

1964年10月，国家体委发来调令，刁文元被正式调入国家队，主要任务是陪练。

1965年

1965年4月15日，第28届世界乒乓球锦标赛在南斯拉夫卢布尔雅那开幕。此次比赛中，中国运动员在7个项目的比赛中夺得5个冠军、4个亚军和7个第三名。中国乒乓球队载誉归来后，由于在陪练中表现优秀，刁文元再次被授予三等功。

1966—1969 年

由于"文革"，第29届、第30届世界乒乓球锦标赛中国队没有参加，这让刁文元有了更多的时间去琢磨研究乒乓球，技术水平有了很大提高。

1971 年

1971年3月，第31届世界乒乓球锦标赛在日本名古屋举行。时隔5年，中国乒乓球代表团再次参加国际大赛，获得男团、女单、女双、混双四项冠军。正是这次比赛拉开了"乒乓外交"和"小球转动大球"的序幕。比赛结束后，美国队被邀访华，为中美建交架起了桥梁。

1972 年

1972年6月9日至30日，我国举行了"文革"以来的第一次全国性赛事——全国五项球类运动会（篮球、排球、足球、乒乓球、羽毛球）。此时已经30岁的刁文元夺得男子单打冠军，并与队友李景光合作，夺得男子双打冠军。

1973 年

刁文元获得全国乒乓球锦标赛亚军。一系列优异成绩

使他成为国家队主力队员，入选第32届世乒赛男子团体
阵容。

1973年

1973年4月，第32届世界乒乓球锦标赛在南斯拉夫萨
拉热窝开幕。中国代表团男队员有李景光、梁戈亮、刁
文元、许绍发、郗恩庭、于贻泽，女队员有郑敏之、郑
怀颖、胡玉兰、张立、李莉等。最后确定的男子团体五
员战将是李景光、梁戈亮、刁文元、许绍发、郗恩庭。
决赛中李景光、刁文元、许绍发先后以5：4战胜了日本
队和苏联队，但终因前面负于瑞典队而与世界冠军失之
交臂。虽遗憾万分，但刁文元无疑是本届世乒赛中国队
的功臣，世界排名第四。

1975年

第三届全国运动会是刁文元职业生涯参加的最后一次
大赛。此次比赛刁文元是安徽省乒乓球队的主力，参加
了团体、单打、男双、混双四项比赛，并且团体赛每场
必上。单打比赛中刁文元以3：1战胜黄亮，闯进四强。

1976 年

刁文元退役。之后刁文元到中国人民解放军铁道兵体工队执教乒乓球。

1977 年

叶佩琼将自己的儿子李隼送进了铁道兵乒乓球队，在教练刁文元的指导下，李隼进步飞快，成为刁文元最得意的弟子之一。之后李隼担任北京队和国家队教练期间，培养了很多著名的运动员，成为国家队的"金牌教练"。

1978 年

1978 年夏，刁文元被选中作为援外教练借调去意大利乒协任总教练，成为中国和意大利交往的和平使者。同年 11 月 2 日，刁文元第二个女儿刁意出生。此后二女儿跟着父亲学习乒乓球并代表圣马力诺队参加了多次世乒赛，退役后做了乒乓球教练。

1979 年

1979 年 4 月，刁文元带领意大利乒乓球队到平壤参加第 35 届世界乒乓球锦标赛，意大利乒乓球队男子团体第一次进入甲级行列（男团前16强），女子团体第一次进入乙级行列（女团前32强），这是意大利乒乓球队有史以来取得的最好成绩。

1979年5月，刁文元带领铁道兵乒乓球队到乌鲁木齐参加第四届全军运动会，李隼击败了当时的全国冠军李宇翔和亚洲青年冠军李鹏，在团体赛中和施之皓等队友配合夺得团体冠军。当时全军有近20个代表队参加，队员都是各省选拔来的职业选手，水平都很高，竞争激烈，夺冠非常不容易，刁文元也因此荣立三等功。

1980年

在瑞士日内瓦举行的欧洲乒乓球锦标赛中，意大利运动员康斯坦丁尼在单打比赛中淘汰了来自匈牙利的单打世界冠军约尼尔，开创了意大利乒乓球运动员战胜世界冠军的先河。

1982年

在时任中国乒协主席徐寅生、副主席李富荣的推荐下和当时北京队总教练岑淮光（1957年全锦赛男团冠军）的信任下，刁文元出任北京队男队主教练。同年9月，全国乒乓球锦标赛在重庆举行，刁文元带领滕义、王燕生、杨玉华、陈振江、李卫民参赛，获得男团冠军。

1983 年

中国乒协派遣刁文元和郗恩庭前往日本为日本的全国教练员讲课一周。

1984 年

在全国乒乓球锦标赛中，刁文元带领北京队再次获得男团冠军。

以领队兼教练身份带领中国大学生队参加第五届世界大学生乒乓球锦标赛，获六项冠军。

1985 年

第五届全运会在上海举行，刁文元带领滕义、赵小云参赛，获得混双冠军。

1986 年

刁文元再度出国担任圣马力诺乒协总教练，一去就是19年。

2003 年

刁文元回国度假，在合肥受到安徽师范大学体育学院教师丁俊生的邀请到芜湖做一次讲座。当时的安徽师范大学体育学院书记贡植斌对刁文元佩服有加，表达了邀请他到安徽师范大学任教的想法。就这样，刁文元成为安徽师范大学体育学院客座教授。安徽师范大学还成立了刁文元乒乓球俱乐部。

2004 年

在日本横滨举行的第12届世界元老乒乓球锦标赛上，年过花甲的刁文元夺得60～64岁组男双冠军，是中国运动员首次在该项赛事中获得的最大年龄组冠军。

2011 年

受意大利乒协邀请，安徽师范大学女子乒乓球队在体育学院院长雷震和刁文元的带领下，于6月上旬赴意大利进行为期10天的交流，其间举办了一场友谊赛。

2012 年

安徽省高校第九届"校长杯"乒乓球比赛在安徽省体

育运动职业技术学院举行，有52支球队参加，安徽师范大学代表队由刁文元带队，夺得团体冠军。同年5月，安徽省大学生乒乓球比赛在安徽财经大学举行，有41所高校参加，经过激烈的角逐，安徽师范大学代表队最后取得3个冠军、4个亚军的好成绩。

2014年

2014年9月19日，在刁文元的邀请下，日本早稻田大学乒乓球代表团一行9人在木村兴治的带领下来安徽师范大学交流访问。

2015年

2015年6月26日，在刁文元的邀请下，加拿大乒乓球队在教练马克西姆的带领下访问安徽师范大学，并于当晚进行了一场友谊赛，安徽师范大学男、女队分别以3：2和3：1获胜。

2016年

2016年8月8日，在刁文元的邀请下，日本早稻田大学乒乓球代表团一行10人在木村兴治的带领下再次访问安徽师范大学。

2018 年

2018 年 4 月，在刁文元的指导下，安徽师范大学代表队在安徽省第十四届运动会高校部比赛中再获佳绩，共摘得 4 金、5 银、4 铜。

2018 年 6 月 13 日至 17 日，国际乒联朝鲜公开赛在平壤国家乒乓球馆举行。中国派出了国家二队和安徽师范大学代表队参赛。安徽师范大学代表队由体育学院党委书记袁德水领队，刁文元担任教练，体育学院专业教师朱树笙担任教练兼队员，同时选派学生季瑞龙、张人元、何子谦等参加比赛。比赛中朱树笙首轮以 4∶2 战胜蒙古选手，次轮以 4∶1 战胜朝鲜选手进入 16 强。张人元也在比赛中以 3∶0 战胜对手进入 16 强。

2021 年

2021 年 11 月，在刁文元的指导下，安徽师范大学代表队在安徽省大学生体育联赛乒乓球比赛中获得 3 金、3 银、2 铜，总成绩排名第一。

2022 年

刁文元继续执教安徽师范大学运动训练专业乒乓球专项班……

（朱树笙、荣雅婷整理）

后　记

　　《国球名将刁文元》一书经历了精心策划、采访、实录、编写、搜集文字及图片资料、整体设计、编辑校对等环节，十余人辛勤耕耘，历时近两年，即将与广大读者见面。

　　安徽师范大学出版社集中优秀编辑力量，精心策划、精心编写、精心编校，全力支持本书的出版。这是出版人的责任使然。因为每一位名人的传记故事，都是一部鲜活、生动、难忘的历史，透过他们的成长经历、奋斗历程和生平业绩，就可以走进历史、认识历史，从而树立起有血有肉的榜样形象，彰显催人奋进的精神力量。

　　本书精彩讲述了刁文元对乒乓球运动的追求与热爱，再现了他在全锦赛、全运会和世乒赛等多项国内国际赛事上奋勇拼搏、屡获佳绩的辉煌历程。书中还记录了刁文元赴海外任教，为推动国球发展、传播国球精神所付出的努力，生动展现了中国乒乓球运动的国际影响力。

刁老师虽已80岁高龄，但他仍保持着运动的习惯。他每周至少有3次骑自行车往返于安徽师范大学新老校区指导学生训练。有时，我们会邀请刁老师带着他的得意弟子，来出版社对乒乓球爱好者进行现场指导。能与世界冠军近距离接触，大家都感觉机会难得，都想一睹刁老师的风采。刁老师身手依然矫健，特别是他的发球，神出鬼没，令人无法判断其上下旋，更无法谈接球质量，与世界高手过招让我们大开眼界。刁老师还是一个幽默风趣的人，每次采访，记忆的闸门一旦打开，他总是滔滔不绝、如数家珍，一讲就是一两个小时，间或讲一些陈年趣事，令我们捧腹。

此书是刁老师和编写组通力合作的成果。我们在编写过程中，根据刁老师口述记录，四处搜集材料进行佐证。旁征博引的过程中，遇到金玉良材，更是喜出望外。编校人员在书稿整理加工和校对过程中也是字斟句酌，使得本书更加可靠、可信、可读。同时，我们认为，一本传记的内容除了文字的叙述外，还应有反映时代缩影的图像。图文并茂让传记主人公的形象更加立体的同时，也会令读者赏心悦目。搜集插图的过程，可谓披沙拣金，刁老师将珍藏了几十年的四大箱共几十本相册搬出来供我们选择，我们一张张翻阅，看到能丰富图书内容的图片就一一编号、扫描，并让刁老师为我们讲述照片背后的故事。为了保证历史的真实性，我们还通过图书馆或借助网络查看了当年的《人民日报》《中国体育报》《参考消息》等，核实当年重要赛事激动人心的赛况。

刁老师除了爱打球，还喜欢用笔记录生活中的点点滴滴。每当他去某个地方游玩或者遇到了有意思的事情，他都会用笔写下当时的心情，文字或长或短，细细读来，有对打球的领悟，有对生活的享受，有对过往的怀念。我们把其中与乒乓球有关的散记整理出来，单独组成一篇"刁文元乒乓球散记"，在其中可窥见刁老师对乒乓球发自内心的热爱。

本书还开辟了一个专篇"队友、弟子眼中的刁文元"。刁老师通过多方渠道联系上他的队友或者弟子，他们都欣然提笔，并很快发来了溢满拳拳之心的稿件，字里行间，或是对刁老师人格魅力的赞美，或是对刁老师高超球技的敬佩，或是对刁老师栽培之情的感激，或是定将国球精神传承下去的决心……

乒乓球运动带给我们的不只是一场场视听盛宴，更是一股阳光般的炙热力量！作为出版人，我们有责任将一代代乒乓球运动员不放弃、敢拼搏、重传承、为国家荣誉而战的国球精神传播出去，从而鼓舞更多的人。愿此书能为每一位读者带去"一起向未来"的精神力量！

本书的编写得到了广大球友的支持，本书的出版得到了安徽师范大学体育学院的支持和安徽师范大学运动训练一流专业建设经费的资助，在此一并表示感谢！

另外，本书在编写过程中，由于涉及历史时段长，加上刁老师年事已高，有些回忆信息可能不够准确，有些人物姓名可能存在错误或遗漏。尽管编写组和编校人员已努力查证，但疏漏在所难免，恳请广大读者朋友批评指正，以便我们修订时改正。

本书编写组

二〇二二年七月